국민의 심리학

국민의 심리학

초판 1쇄 발행 2019년 11월 20일

원 제	Les Lois Psychologiques de l'Évolution des Peuples(1894)
지은이	귀스타브 르 봉
옮긴이	정명진
펴낸이	정명진
디자인	정다희
펴낸곳	도서출판 부글북스
등록번호	제300-2005-150호
등록일자	2005년 9월 2일
주소	서울시 노원구 공릉로63길 14, 101동 203호(하계동, 청구빌라) (01830)
전화	02-948-7289
전자우편	00123korea@hanmail.net
ISBN	978-11-5920-113-4 03180

국민의 심리학

Les Lois Psychologiques de l'Évolution des Peuples

귀스타브 르 봉 지음 정명진 옮김

이 책은『군중 심리』(Psychologie de Foules)(1895)로 유명한 귀스타브 르 봉의 첫 성공작(1894)이다. 프랑스어 제목은 '국민들의 진화의 심리학적 법칙'(Les Lois Psychologiques de l'Évolution des Peuples)이다. 출간된 19세기 말부터 20세기까지 지식인들의 필독서로 읽혔다.

대중의 특성을 바탕으로 민족 또는 국민의 발달 과정을 분석하고 있다. 사회적 평등에 관한 현대 사상, 평등 사상의 기원과 발달, 평등 사상의 결과, 평등 사상의 심리적 배경 등이 상세하게 소개된다. 아울러 현대인이 원시 시대 인간의 역사와 인간의 정신적 구조의 다양성, 유전 법칙 등에 대해 너무 모르고 있다는 점이 지적된다.

각 민족의 문명을 이루는 요소인 언어와 제도, 종교, 문화 등을 파고들면서, 민족 또는 국민의 존립에 가장 중요한 것은 그 민족 또는 국민의 지성이 아니라 기질이라는 점을 강조한다. 역사는 곧 민족 또는 국민의 기질의 산물이라는 관점이 두드러진다. 그런 까닭에 이 책을 읽는 내내 '우리 국민의 기질적 자질은 무엇인가?' '우리는 무엇을 추구하고 있는가?'라는 의문이 머리에서 떠나지 않는다.

귀스타브 르 봉이 꼽는 영국인과 프랑스인의 차이를 보자. 프랑스인은 곧잘 흥분하고, 환경에 쉽게 불만을 품고, 정부가 국민의 운명을 보다 행복한 방향으로 이끌 것이라고 기대한다. 그래서 개인의 자유에 대한 관심보다 평등에 대한 관심이 훨씬 더 크다. 그런 기질이 프랑스를 세계에서 격변을 가장 많이 겪은 나라로 만들었다는 것이 르 봉의 분석이다. 반면에 영국인은 의지가 강하고, 불굴의 활력이 있고, 매우 진취적이고, 자제력이 강하며, 독립심이 비사교적일 만큼 강하고, 행동을 앞세우는 특징을 지닌 것으로 분석된다.

두 민족 사이에 나타나는 이런 차이 때문에 프랑스는 '국가에 의한 개인의 흡수', 즉 국가가 개인들을 모두 흡수해 버리는 것이 목표처럼 보이고 여차 하면 국민이 정부를 바꾸려 드는 그런 나라가 된 반면에, 영국은 국가의 행위는 최소한으로 줄이고 개인의 행위는 최대한으로 강화하는 그런 나라가 되었다. 이를 바탕으로, 르 봉은 한 민족의 제도는 그 민족이 갖춘 기질적 자질의 산물이고, 국민은 각자 수준에 맞는 정부를 갖게 되어 있다고 주장한다.

민족의 기질적 차이는 어떤 결과로 나타날까? 르 봉이 기질적 자질들을 두루 갖췄다고 호평하는 영국인이 개척한 미국과 스페인 사람이 주로 개척한 남미를 비교해 보면 된다. 북미와 남미는 크기도 비슷하고 토양도 비슷하다. 게다가 남미 각국의 헌법이 미합중국의 헌법을 모델로 삼았기 때문에, 오늘날 북미와 남미의 차이는 민족의 기질 아니고 다른 것으로는 쉽게 설명되지 않는다. 르 봉이 최고로 꼽는 국민의 자질은 자신의 충동을 지배하려는 태도이다.

르 봉은 아돌프 히틀러와 베니토 무솔리니, 시어도어 루즈벨트, 지그문트 프로이트, 블라디미르 레닌 등 다양한 인물에 영향을 끼친 것으로 전해진다.

옮긴이

현대의 평등 사상과
역사의 심리학적 토대

한 국민의 문명은 그 국민의 제도와 문학, 예술을 결정하는 소수의 근본적인 사상에 근거하고 있다. 이 사상들은 매우 느리게 형성되며, 사라질 때에도 또한 아주 느리게 사라진다. 이 사상들은 그 본질이 잘못되었다는 사실이 교양 있는 사람들에게 분명히 드러난 뒤에도 여전히 대중에겐 의심할 여지없는 진리로 받아들여지면서 한참 후까지 그 국가의 보통 사람들에게 영향력을 행사한다.

새로운 사상이 인정을 받는 것도 어려운 일이지만, 오랫동안 일반적으로 받아들여진 사상을 버리는 것도 그보다 결코 덜 어려운 일이 아니다. 인류는 쇠락한 사상과 빈사 상태에 빠진 신까지 포기하기를 언제나 대단히 싫어했다.

일부 철학자들이 개인과 민족의 평등이라는 사상을 제안한 것은 겨우 한 세기 반 전의 일이다. 이 대목에서 반드시 언급해야 할 사항이 있다. 이 철학자들이 원시 시대 인간의 역사와 인간의 정신적 구조의 다양성, 유전의 법칙들에 대단히 무식했다는 점이다.

당연히 대중에게 대단히 매력적으로 다가왔을 평등 사상은 대중의 마음에 확실히 각인되었으며 신속하게 그 결실을 맺기에 이르렀다. 이 사상은 전통 있는 사회들의 토대를 뒤흔들었고, 가공할 만한 혁명들을 낳았으며, 서구 세계를 일련의 격동 속에 빠뜨렸으며, 이 격동의 끝을 예측하는 것은 불가능하다.

틀림없이, 개인들과 민족들 사이에 나타나는 불평등 중 일부는 너무나 분명하기 때문에 거기에 대해 진지하게 이의를 제기하는 것은 불가능한 일이었다. 그러나 사람들은 이런 불평등 앞에서도 자신에게 유리한 방향으로 자신을 설득시키는 것이 아주 쉽다는 사실을 깨달았다. 이 불평등은 단순히 교육의 차이에 따른 결과이며, 모든 인간은 똑같이 지적이고 선한 상태에서 태어났으며, 자신이 정상에서 벗어나게 된 데 대한 유일한 책임은 제도에 있다는 식으로 생각하면 그만이었다. 일이 이런 식으로 돌아가다 보니, 해결책은 지극히 단순했다. 불평등을 해소하기 위해 할 것이라곤 제도를 개혁하고 모든 사람에게 교육의 기회를 똑같이 부여하는 것뿐이었다. 그리하여 제도와 교육이 최종적으로 현대 민주주의 옹호자들에게 최고의 만병통치약이 되기에 이르렀다. 다시 말하면, 오늘날 유일하게 살아남은 신(神)인 이 불멸의 원리들과 충돌을 빚는 불평등을 치료하는 수단으로 제도와 교육이 최고로 꼽히고 있다는 뜻이다.

그럼에도 과학은 발달을 거듭하면서 평등 이론이 무가치하다는 점을 증명했다. 과학은 또 과거에 의해 개인들과 민족들 사이에 생긴 정신적 격차는 오직 서서히 축적되는 유전 작용에 의해서만 메워질 수 있다는 점을 보여주었다.

실제 경험의 엄격한 가르침 외에, 현대 심리학도 어떤 개인들과 민족들에 적합한 제도와 교육이 다른 개인들과 민족들에게는 대단히 해로울 수 있다는 점을 보여주었다. 그러나 사상이 일단 유포되어 떠돌아다니게 되기만 하면, 철학자들은 그 사상이 잘못되었다는 확신이 서더라도 그것을 파괴하지 못한다. 불어난 강물이 둑을 무너뜨리고 넘쳐 흐르듯이, 그 사상은 파괴적인 전진을 계속할 것이며, 그 전진을 어떤 것도 간섭하지 못한다.

인간의 평등이라는 이 터무니없는 개념이 너무나 잘못되었다는 사실을 모르는 심리학자나 여행가, 지적인 정치인은 한 사람도 없다. 인간의 평등이라는 사상이 세상을 혼동 속으로 빠뜨리고, 유럽에 중대한 혁명을 불러일으키고, 미국이 피비린내 나는 남북전쟁을 벌이도록 하고, 프랑스의 모든 식민지들이 쇠퇴의 상태로 접어들도록 만들었다. 이런 온갖 것들을 잘 알고 있으면서도, 이 사상에 과감히 반대하고 나서는 사람은 극히 드물다.

더욱이, 평등 사상은 쇠퇴하기는커녕 전진을 계속하고 있다. 오래지 않아서 서양인의 과반을 노예로 만들어 버릴 것 같은 사회주의가 사람들의 복지를 보장할 것처럼 나서면서 내세우는 것도 바로 이 평등 사상이다. 또 현대의 여성이 남자와 여자 사이의 깊은 정신적 차이를 망각한 가운데 남자와 똑같은 권리와 교육을 요구하고 나서면서 내세우는 것도 마찬가지로 이 사상이다. 그러다가 여자가 성공을 거두게 된다면 유럽인은 집도 없고 가족도 없는 유목민이 될 것인데, 여자들의 이런 노력도 똑같이 평등 사상이라는 기치 아래에서 이뤄지고 있다.

대중은 이런 식의 균일화 원리들이 낳은 정치적 및 사회적 격변이나 그 원리들이 초래할 훨씬 더 중요한 사건들을 놓고 좀처럼 고민하지 않으며, 현재의 정치인들도 아주 짧은 기간만 권력을 잡기 때문에 대중 이상으로 그런 문제에 주의를 기울이지 않는다. 게다가 여론이 최고 권력이 되었으며, 따라서 여론을 따르지 않는 것은 불가능한 일일 것이다.

어떤 사상의 사회적 중요성을 진정으로 보여주는 유일한 척도는 그 사상이 인간들의 정신에 끼치는 영향이다. 그 사상이 담고 있는 진리 또는 오류의 정도는 철학적 관점에서 볼 때에만 관심의 대상이 될 수 있을 뿐이다. 어떤 사상이 대중에게 하나의 정서로 정착할 때, 그 사상이 낳는 결과를 대를 이어 견뎌내지 않을 수 없게 된다.

평등이라는 현대적인 꿈이 현실화를 위해 추구하는 길은 교육과 제도라는 것을 우리는 알고 있다. 불공평한 자연의 법들을 개혁하면서, 프랑스가 마르티니크[1]와 과들루프[2]와 세

....
　1　카리브 해에 있는 프랑스의 해외 주.
　2　카리브 해에 있는 프랑스의 해외 주.

네갈의 흑인들, 알제리의 아랍인들, 마지막으로 일부 아시아 인들의 지력을 똑같은 주형(鑄型)에 넣어서 다듬으려 하는 노력도 똑같이 평등이라는 이름으로 이뤄지고 있다. 평등이라는 괴물은 꽤 실현 불가능하지만, 실제 경험만이 괴물들의 위험을 보여줄 수 있다. 이성은 인간들의 확신을 바꿔놓지 못한다.

 이 책의 목적은 다양한 민족들의 영혼을 이루고 있는 심리적 특징들을 묘사하고, 한 국민의 역사와 그 국민의 문명이 이 심리적인 특징들에 의해 어떤 식으로 결정되는지를 보여주는 데에 있다. 세부 사항을 무시하면서, 또는 제시하는 원리를 뒷받침하는 데 반드시 필요한 것들만을 고려하면서, 역사적 민족들의 형성과 정신적 구조를 검토할 것이다. 말하자면, 역사 속에서 정복이나 이민, 정치적 변화 등에 의해 인위적으로 형성된 민족들에 관한 이야기가 될 것이라는 뜻이다. 또 민족들의 역사가 그들의 정신적 기질에 의해 결정된다는 점을 보여줄 것이다. 민족의 특징들의 불변성과 변동성에 주목할 것이다. 아울러, 개인들과 국민들이 평등을 추구하는지, 아니면 반대로 더욱더 큰 분화를 추구하는지를 파악하려 노력할 것이다.

그런 다음에 하나의 문명을 이루고 있는 요소들, 즉 예술과 제도, 신앙 등이 민족의 영혼을 직접적으로 표현하는 것이 아닌지, 따라서 그 요소들이 이 국민에서 저 국민으로 넘어가는 것이 불가능한 것은 아닌지를 검토할 것이다. 문명이 쇠퇴하다가 죽어가도록 만드는 요소들이 무엇인지를 파악하려고 노력하면서 결론을 끌어낼 것이다. 동양 문명에 관한 다양한 책[3]에서 지금 다루고자 하는 문제들을 길게 다뤘다. 얇은 이 책은 여러 권에 담긴 내용을 간략히 요약 정리하는 것으로 여기면 될 듯하다.

다양한 국가들을 두루 여행한 뒤에 나의 마음에 아주 분명하게 각인된 것은 각국의 국민이 해부학적 특성만큼이나 변하지 않는 어떤 정신적 구조를 갖고 있다는 점이다. 이 정신적 구조가 바로 그 국민의 정서와 사상, 제도, 신앙과 예술의 원천이다. 토크빌(Alexis de Tocqueville)을 비롯한 걸출한 사상가들은 다양한 국민들의 제도에서 그 국민이 그런 식으로 진화하게 된 원인을 발견했다고 상상했다. 그와 정반대로, 나는 토크빌이 연구한 국가들 중에서 나의 예들을 선택

....
3 귀스타브 르 봉은 아랍 세계와 인도, 네팔 등지를 여행하며 목격한 내용을 여러 권의 책에 담았다.

하면서 문명의 발전과 관련해서는 제도의 중요성은 극히 미약하다는 생각을 품었으며, 그 점을 증명하기를 원하고 있다. 제도는 주로 결과로 나타나는 것이었으며, 제도가 원인으로 작용하는 경우는 극히 드물었다.

틀림없이, 국민들의 역사는 매우 다양한 요소들에 의해 결정된다. 국민들의 역사는 특별한 예들로, 말하자면 실제로 일어나긴 했지만 경우에 따라서 일어나지 않았을 수도 있는 그런 사건들로 넘쳐난다. 그러나 이런 우연적인 상황들과 나란히, 각 문명의 일반적인 경로를 지배하는 영원한 법칙도 있다. 민족들의 정신적 구조는 이 영원한 법칙들 중에서 가장 일반적이고 가장 원초적인 법칙에서 비롯된다. 한 국민의 삶, 그 국민의 제도와 신앙, 예술은 그 국민의 보이지 않는 영혼이 겉으로 눈에 보이도록 표현된 것이다. 한 국민이 제도와 신앙, 예술을 변화시키려면 먼저 국민의 영혼부터 변화시켜야 한다. 또 어느 국민이 자신의 문명을 다른 국민에게 전하려면 먼저 자기 국민의 영혼부터 그 국민에게 전할 수 있어야 한다.

틀림없이, 이것은 역사가 가르치는 내용이 아니다. 그러나 우리는 모순되는 주장들을 기록하면서 그 주장들이 헛된 걸

모습에 오도되었다는 점을 쉽게 보여줄 것이다.

지난 1세기 동안 줄기차게 이어져 왔던 개혁가들은 모든 것을 바꾸려고 노력했다. 말하자면, 신과 땅과 인간이 개혁의 대상이었다. 그러나 세월이 확립해 놓은 민족들의 영혼의 특징들에 관한 한, 개혁가들이 펼친 노력의 효과는 거의 무(無)에 가깝다.

인간 존재들 사이에 근본적인 차이가 존재한다는 인식은 현대 사회주의자들의 사상과 정반대이지만, 사회주의라는 새로운 교리의 사도들이 가공(架空)의 원리를 부정하도록 유도할 수 있는 것은 절대로 과학의 가르침이 아니다. 그들의 노력은 행복을, 말하자면 인간들이 역사의 여명 이후로 줄곧 추구하고 있는 헤스페리데스[4]의 보물을 찾으려는 인간의 영원한 개혁 운동에서 새로운 한 단계이다.

평등이라는 꿈이 자연의 불평등이라는 거대한 바위에 일찍 깨어지지 않으면, 그 꿈은 아마 과거에 우리 인간들을 요람에 넣고 흔들며 달랬던 착각들만큼 강한 효력을 발휘할 것이다. 노령과 죽음과 함께, 불평등은 자연에 넘쳐나는 사악함의 한 부분이며, 인간은 자연의 사악함에 굴복해야 한다.

....
4 그리스 신화에서 헤라의 황금 사과를 지킨 네 자매 요정을 일컫는다.

차례

1부

민족의 심리학적 특성

2부

민족의 심리적 특성은
그 민족의 문명의 다양한 요소에 어떻게 표현되는가

1부

민족의 심리학적 특성

1장
민족의 영혼

　동물학자들은 유전에 의해 규칙적으로, 또 지속적으로 재생산되는 어떤 해부학적 특징들을 바탕으로 종(種)을 분류한다. 오늘날 우리는 지각조차 되지 않을 만큼 작은 변화들이 유전을 통해 축적되면서 이 해부학적 특성들이 변한다는 것을 알고 있다. 그럼에도, 역사에 의해 기록된 비교적 짧은 기간으로 관심을 한정시킨다면, 종은 변화하지 않는 것으로 여겨질 수 있다.

　동물학자들의 분류 방법을 인간에게 적용한다면, 명백히 구분되는 유형이 몇 가지 드러난다. 피부색이나 두개골의 형태와 크기 같은 명확한 해부학적 특징들을 근거로 하면, 인간이라는 유(類)는 몇 개의 종(種)으로 이뤄져 있다고 결론을 내리는 것도 가능하다. 이 종들은 꽤 분명히 구분되고 아마 매우 다른 기원을 가졌을 것이다. 종교적 전통을 존중하는 학자의 눈으로 보면, 이 종(種)들이 곧 유(類)이다. 그러나 제대로 관찰한다면 이런 식으로 말할 수 있다. "만약에 흑인과 백인이 달팽이라면, 동물학자들은 한목소리로 그들이 우수한 종(種)을 이룬다고 말할 것이다. 그리고 이 종들은 절대로 같은 커플에서 나올 수 없다고 덧붙일 것이다."

이런 해부학적 특징들, 적어도 우리의 분석으로 추적할 수 있는 특징들은 단지 매우 간략한 일반적인 구분만을 허용할 뿐이다. 그 특징들의 상이점은 매우 뚜렷이 구분되는 인간 종들의 경우에만, 예를 들면 백인종과 황인종, 흑인종의 경우에만 지각될 수 있다. 그러나 체격이 서로 많이 닮은 민족들도 감정 유형과 행동 유형에서 서로 많이 다를 수 있으며, 따라서 그들의 문명과 신앙, 예술도 크게 다를 수 있다. 예를 들어, 스페인 사람과 영국 사람, 아랍 사람을 같은 집단으로 분류하는 것이 가능한가? 그들 사이에 존재하는 정신적 차이는 모든 사람들에게 분명히 보이며, 그 차이는 그들의 역사 전반에 걸쳐 지속적으로 탐지되지 않는가?

　해부학적 특징의 차이가 두드러지 않는 경우에, 언어와 신앙, 정치 조직 같은 다양한 요소들을 바탕으로 민족들을 분류하자는 주장이 제기되었지만, 이런 유형의 분류는 검사 과정을 거의 버텨내지 못한다.

　해부학과 언어, 환경 또는 정치 조직이 제공하지 못하는 분류의 요소들을 심리학이 제공할 수 있다. 심리학은 각 민족의 제도와 예술, 신앙, 정치적 격변의 뒤에 그 민족의 진화를 결정하는 어떤 도덕적, 지적 특징이 자리 잡고 있다는 점을 보여주고 있다. 한 민족의 영혼이라고 부를 수 있는 것을 형성하고 있는 것은 바로 이런 특징들이다.

　각 민족은 그 해부학적 구조만큼이나 변화하지 않는 정신적 구조를 갖고 있다. 틀림없이, 정신적 구조는 뇌의 특별한 구조와 일치할 것이다. 그러나 과학이 뇌의 이런 구조를 속속들이 파고들 만큼 아직 충분히 발달하지 않았기 때문에, 우리는 뇌의 구조를 분류의 바탕으로 이용하지 못한다. 게다가, 그 구조에 대한 지식은 우리가 관찰을 통해 얻는 정신적 구조에 대한 묘사를 절대로 바꾸지 못할 것이다.

　한 민족의 영혼을 형성하고 있는 도덕적, 지적 특성들은 그 민족의 과거 전체와 그 민족의 모든 조상들이 남긴 유산, 그 민족의 행위의 동기들의 총합을 나타낸다. 도덕적 및 지적 특성들은 같은 민족 안에서도 개인에 따라 매우 다양하게 변하는 것처럼 보이지만, 관찰은 어느 한 민족에 속하는 개인들 대부분이 일정 수의 공통적인 심리적 특징을 언제나 소유하고 있다는 점을 증명하고 있다. 이 심리적 특징은 종(種)의 분류를 가능하게 하는 해부학적 특징만큼 안정적인 것으로 나타나며, 심리적 특징도 해부학적 특징과 마찬가지로 유전에 의해 규칙적으로, 또 안정적으로 재생산된다.

어느 민족의 모든 개인들에게서 관찰되는 심리적인 요소들의 총합이 국민성이라 불리는 것을 구성하고 있다. 심리적 요소들은 서로 함께 작용하면서 민족에 대한 정의를 가능하게 만드는 평균적인 유형을 형성한다. 무작위로 선택한 천 명의 프랑스인과 천 명의 영국인, 또는 천 명의 중국인은 그들 사이에 서로 다른 점을 분명히 드러냄에도 불구하고 이상적인 유형의 프랑스인과 영국인, 중국인을 결정할 수 있을 만큼의 공통점을 보인다. 이 이상형은 동물학자가 전반적으로 개나 말을 묘사할 때 제시하는 그런 이상적인 유형과 아주 비슷하다. 다양한 종류의 개들이나 말들에게 적용 가능한 그 묘사는 개들이나 말들 모두에게 공통적인 특성들만을 포함하고 있으며, 수많은 개체들을 두드러지게 만드는 그런 특성들은 포함하고 있지 않다.

어느 한 민족의 역사가 충분히 오래되었다면, 따라서 구성원들이 동질적이게 되었다면, 그 민족의 평균적인 유형은 어느 관찰자라도 즉각적으로 확인할 수 있을 만큼 충분히 명확하게 확립된다.

외국을 여행하면서 그곳 주민들에게 관심을 기울일 때, 우리의 주의를 끄는 유일한 특징들은 바로 그 나라의 모든 국민에게 공통적인 특징들이다. 이유는 그 특징들이 지속적으로 되풀이되고 있는 유일한 특징들이기 때문이다. 개인적인 특징들은 거의 되풀이되지 않기 때문에 우리 눈에 띄지 않는다. 따라서 우리는 곧 영국인과 이탈리아인 또는 스페인인을 첫눈에 구별할 수 있게 될 뿐만 아니라 각국 사람들의 도덕적 및 지적 특성까지 파악할 수 있게 된다.

이 도덕적, 지적 특성들이야말로 정말 근본적인 특징이다. 영국인이나 프랑스의 가스코뉴 사람, 노르망디 사람이나 플랑드르 사람은 저마다 우리가 아주 분명하게 떠올리는 어떤 유형과, 말하자면 우리가 쉽게 묘사할 수 있는 어떤 유형과 일치한다. 그 묘사는 고립된 어떤 개인에게 적용하는 경우에 매우 부적절하고 가끔 정확하지 않을 수 있지만, 이 민족에 속하는 개인들 대부분에게 적용하면 그들을 완벽하게 묘사할 것이다. 우리가 어떤 민족의 신체적 및 정신적 유형에 대해 어떤 생각을 품게 되는 그 무의식적 과정은 본질적으로 동물학자가 종을 분류하는 방법과 전적으로 동일하다.

어느 민족을 이루는 개인들 대다수의 정신적 성향이 이처럼 동일한 것은 아주 간단한 생리적인 이유들 때문이다. 각 개인은 부모의 산물일 뿐만 아니라 민족의 산물이기도 하다. 말하자면, 각 개인은 전체 조상들의 산물이라는 뜻이다. 학구적인 경제학자 에밀 셰송(Emile Cheysson)은 이런 계산을 내놓았다. 프랑스에서, 한 세기에 3세대가 존재한다고 가정할 경우에 우리 모두는 적어도 혈관 속에 1000년에 살고 있었던 사람들 2,000만 명의 피를 갖고 있다는 것이다. "따라서 주어진 어떤 지방 또는 지역의 모든 거주자들은 필히 공통의 조상들을 갖고 있으며, 똑같은 흙으로 빚어졌으며, 똑같은 인상을 품고 있다. 그들은 모두 이 길고 무거운 사슬에 의해서 끊임없이 평균적인 유형으로 되돌려지고 있으며, 그들은 단지 이 사슬의 마지막 고리일 뿐이다. 우리는 우리 부모의 자식들이면서 동시에 우리 민족의 자식들이다. 우리 나라는 정서적인 이유뿐만 아니라 생리적, 유전적인 이유로도 우리의 두 번째 어머니이다."

개인을 지배하면서 개인의 행동을 이끌고 있는 영향력들을 정밀한 언어로 묘사하길 원한다면, 그 영향력은 세 가지 종류로 나눠질 수 있다. 첫 번째이고 틀림없이 가장 중요한 영향력은 조상들의 영향이며, 두 번째 영향력은 부모의 영향이며, 세 번째 영향력은 일반적으로 가장 강력한 것으로 여겨짐에도 불구하고 가장 약한 환경의 영향이다. 이 환경의 영향은 개인이 사는 동안에, 특히 교육을 받는 동안에 노출되는 다양한 육체적, 도덕적 영향을 포함하는데, 아주 작은 변화만을 낳을 뿐이다. 환경의 영향이 정말로 두드러질 수 있는 때는 오직 유전이 오랜 기간에 걸쳐서 환경이 끊임없이 한쪽 방향으로만 작용하도록 할 때뿐이다.

그렇다면 개인은 무슨 일을 하든 무엇보다 앞서 언제나 민족의 대표이다. 말하자면, 어느 나라의 모든 개인들이 출생하면서 물려받게 되는 사상과 정서의 전체가 민족의 영혼을 형성한다는 뜻이다. 이 영혼의 핵심은 사람들의 눈에 보이지 않지만 영혼의 효과만은 아주 뚜렷하게 나타난다. 이 영혼이 현실 속에서 그 국민의 전체 진화를 결정하기 때문이다.

민족은 살아 있는 어떤 존재를 구성하고 있는 세포들의 전체성에 비유할 수 있다. 이루 헤아릴 수 없이 많은 세포들이 존재하는 기간은 매우 짧은 반면에, 이 세포들의 연합을 통해 형성되는 존재가 사는 기간은 상대적으로 매우 길다. 이 세포들은 자신의 개인적인 생명을 갖고 있는 동시에 집단적인 생명, 즉 자신이 실체를 이루고 있는 어떤 존재의 생명을 갖고 있다. 마찬가지로, 어느 민족의 각 개인은 매우 짧은 개인적인 생명을 갖고 있는 한편으로 매우 긴 집단적인 생명을 갖고 있다. 이 집단적인 생명이 바로 그 개인이 소속되어 있고 또 언제나 의지하면서 영속화에 일조를 하고 있는 민족의 생명이다.

하나의 민족은 시간에 구애받지 않는 어떤 영원한 존재로 여겨진다. 이 영원한 존재는 주어진 어느 순간에 그 존재를 이루고 있는, 살아 있는 개인들뿐만 아니라 조상인 수많은 죽은 자들로 이뤄져 있다. 민족의 진정한 의미를 이해하려면, 그 민족의 과거와 미래를 반드시 고려해야 한다. 죽은 자들은 현재 살아 있는 사람들보다 수적으로 무한히 더 많을 뿐만 아니라 무한히 더 강하다. 죽은 자들은 무의식의 거대한 영역을, 말하자면 지성과 기질의 온갖 표현에 영향을 미치고 있는, 눈에 보이지 않는 영역을 지배하고 있다.

국민은 살아 있는 구성원들보다는 죽은 자들의 영향을 훨씬 더 많이 받는다. 민족의 확립은 죽은 자들, 오직 죽은 자들에 의해서만 이뤄진다. 수많은 세기를 내려오면서, 세상을 떠난 우리 조상들이 우리의 사상과 정서를, 따라서 우리의 행동의 모든 동기들을 형성했다. 흘러간 세대들은 우리에게 단순히 그들의 육체적인 구조만을 물려준 것이 아니라 그들의 생각까지 물려주었다. 죽은 자들이 유일하게 이론의 여지가 없는 삶의 주인들이다. 우리는 죽은 자들의 실수를 짐으로 짊어지고 있는 한편으로, 그들의 미덕의 결실을 거둬들이고 있다.

한 국민의 정신적 구조의 형성은 동물의 종(種)의 창조와는 달리 지질학적 시대 구분이 필요할 만큼 긴 시간을 필요로 하지 않는다. 그럼에도, 그 형성이 요구하는 시간은 꽤 길다. 프랑스인과 같은 국민의 내면에 민족의 영혼을 이루는 정서와 사상의 공동체를 지금처럼 비교적 약한 정도로 성취하는 데에도 열 번의 세기 그 이상의 시간이 필요했다. 아마 프랑스 혁명의 가장 중요한 결과가 소수 민족들의 해체를 크게 촉진시킴으로써 이 형성을 가속화시킨 것으로 꼽힐 것이다. 프랑스는 예전에 피카르디 사람, 플랑드르 사람, 부르고뉴 사람, 가스코뉴 사람, 프로방스 사람 등으로 갈라져 있었다. 틀림없이 이 통합은 완전과는 거리가 멀다. 그리고 프랑스가 보다 단일적인 국민, 예컨대 영국인이 모르고 사는 의견 충돌의 희생이 되는 것은 특별히 프랑스인이 아주 다양한 민족으로 구성되어 있는 탓에 너무나 다양한 사상과 정서를 품고 있기 때문이다.

영국에서 색슨인과 노르만인, 고대 브리튼인은 융합의 결과 매우 동질적인 어떤 유형을 형성했으며, 따라서 행동 영역에서 모든 것이 동질하게 되었다. 이런 융합 덕분에, 영국인들은 한 국민의 영혼을 이루는 3가지 근본적인 바탕을 상당한 정도로 성취해냈다. 그 근본적인 바탕이란 공통적인 정서와 공통적인 이해관계, 공통적인 신앙을 말한다. 한 국가가 이 단계에 이를 때, 중대한 모든 문제들을 놓고 모든 구성원들 사이에 어떤 직관적인 동의가 이뤄지며, 그러면 그 국가는 심각한 불화에 희생되지 않는다.

정서와 사상, 신앙, 이해관계 등의 공통성은 대를 이은 축적을 통해 아주 느리게 창조된다. 그러나 창조되기만 하면 이 공통성은 그 국민의 정신적 구조에 고도의 동일성과 영속성을 부여한다. 그것은 고대에 로마의 위대성의 원인이었고, 지금 영국의 위대성의 원인이다. 이 공통성이 사라지는 즉시, 국민은 해체되기 시작한다. 로마가 공통성을 더 이상 갖지 못하게 되었을 때, 그것은 곧 로마의 종말을 의미했다.

인간 집단의 영혼을 형성하는 정서와 사상, 전통, 믿음 등은 모든 시대에, 모든 국민에게 언제나 다소 존재했지만, 이 요소들의 확장은 아주 서서히 점진적으로 성취되었다. 처음에 가족에게 한정되었다가 점차적으로 마을과 도시, 성 등으로 확장되면서, 집단 영혼은 비교적 현대에 들어와서야 한 나라의 거주자 모두에게로 퍼질 수 있었다. 오늘날 우리가 이해하고 있는 그런 모국이라는 개념이 존재하게 된 것은 이 마지막 결과, 말하자면 집단 영혼이 한 나라의 모든 거주자들에게 퍼진 뒤의 일이다. 국민의 영혼이 형성되기 전까지, 모국이라는 개념은 불가능하다. 고대 그리스인들은 도시의 개념을 결코 넘어서지 않았으며, 그들의 도시들은 언제나 전쟁 상태에 있었다. 이유는 실제로 도시들이 늘 서로에게 매우 이질적이었기 때문이다. 과거 2,000년 동안에 인도는 촌

락 외에 다른 통일체를 전혀 몰랐다. 인도가 2,000년 동안 외국 통치자들의 지배를 받게 되었던 것도 그 때문이었다. 그런데 이 외국 지배자들의 단명했던 제국들은 형성될 때만큼이나 쉽게 종말을 맞았다.

유일한 모국으로서 도시라는 개념은 군사력의 관점에서 보면 허약할지라도 문명의 발달이라는 측면에서 보면 정반대로 언제나 대단히 효율적이다. 도시의 영혼은 모국의 영혼만큼 공간적으로 넓지 않을지라도 때때로 훨씬 더 많은 결실을 낳는다. 고대의 아테네와 중세의 피렌체와 베네치아는 작은 인간 집단이 성취할 수 있는 문명의 수준을 잘 보여준다.

작은 도시들이나 작은 성들이 상당히 오랫동안 독립적인 삶을 살게 될 때, 그 도시들과 성들은 최종적으로 너무나 안정된 영혼을 갖게 된다. 그러면 그 도시나 성의 영혼이 국민 영혼 같은 것을 형성할 목적으로 이웃 도시들이나 성들의 영혼들과 융합하는 것은 거의 불가능해진다. 함께 결합하는 요소들이 서로 지나치게 다르지 않을 때 가끔 일어나듯이, 그런 융합은 불가능하지는 않다 할지라도 결코 하루아침에 가능한 일은 아니며 몇 세기의 세월이 걸리는 일이다. 그런 과업을 성취하기 위해선 리슐리외(Cardinal Richelieu)[5]나 비스마르크(Otto von Bismarck)[6] 같은 사람도 필요하지만, 그런 사람들은 그 과업이 오랫동안 서서히 이뤄져 오는 상황에서 그것을 무르익게 했을 뿐이다. 이탈리아에서 일어났듯이, 어느 나라가 예외적인 상황들의 결과로 갑자기 단일 국가를 형성하는 것도 가능한 일이지만, 그런 식으로 갑자기 이뤄진 단일 국가가 동시에 국민의 영혼까지 확보할 것이라고 짐작하면 큰 실수가 될 것이다. 내가 볼 때 이탈리아에 피에드몬테 지방 사람과 시칠리아 사람, 베네치아 사람, 로마 사람이 있는 것은 분명하지만, 이탈리아인이 있는지는 아직 분명하지 않다.

고려 대상이 되고 있는 민족이 어떤 민족이든, 또 그 민족이 동질적이든 아니든, 민족이 문명화되었고 또 오랫동안 역사에서 어떤 역할을 했다는 단순한 사실 때문에, 오늘날 민족은 언제나 자연적인 민족이 아니라 인위적인 민족으로 여겨져야 한다. 미개인들의 사회를 제외하곤 자연적인 민족을

....
5 프랑스의 정치가이자 귀족, 추기경(1585-1642). 루이 13세 치하에 재상을 지냈다. 프랑스의 중앙 집권을 추진했고, 그 과정에 지방 귀족들을 제거했다.
6 독일 제국을 건설한 프로이센의 외교관이자 정치가(1815-1898).

거의 만나지 못한다. 민족의 순수성을 지키고 있는 사람들을 발견할 수 있는 곳은 미개인들의 사회뿐이다. 현재 문명화된 민족의 대다수는 단지 역사적 민족일 뿐이다.

이 책은 민족의 기원에는 관심을 두지 않는다. 민족이 자연적으로 형성되었는가 아니면 역사에 의해 형성되었는가 하는 문제는 우리의 목표 밖이다. 우리의 관심을 끄는 것은 길고 긴 과거에 의해 다듬어지는 민족의 특성이다. 동일한 존재 조건에 의해 몇 세기 동안 지켜지고 유전에 의해 축적되면서, 이 특성들은 고도의 불변성을 확보하면서 각 국민의 유형을 결정하게 된다.

2장
민족 기질의 변동성의 한계

문명의 진화에 관한 연구를 깊이 세심하게 해야만, 민족들의 정신적 구조의 불변성을 관찰할 수 있다. 관찰자의 눈에 당장 일반적인 규칙처럼 보이는 것은 불변성이 아니라 변동성이다. 국민들의 역사를 보면 국민들의 영혼이 간혹 매우 빠르게, 또 매우 광범위하게 변화를 겪는다는 믿음을 가질 만도 하다. 예를 들어, 크롬웰(Oliver Cromwell)[7] 시대의 영국인의 기질과 현대 영국인의 기질 사이에 매우 뚜렷한 차이

....
7 영국의 정치가이자 군인(1599-1658). 청교도 혁명으로 군주제를 폐지한 1658년부터 병으로 사망할 때까지 호국경으로 영국을 다스렸다.

가 있을 것 같지 않은가? 조심성 있고 섬세한 오늘날의 이탈리아인은 벤베누토 첼리니(Benvenuto Cellini)[8]의 회고록에 묘사된 충동적이고 격렬한 이탈리아인과 많이 달라 보이지 않는가? 먼 나라까지 갈 필요도 없이 프랑스만 보더라도, 몇 세기가 흐르는 동안에, 아니 때에 따라서는 겨우 몇 년 사이에, 프랑스 국민의 기질에 너무나 큰 변화가 나타나는 것 같지 않은가! 17세기와 18세기의 프랑스 국민의 기질에 나타난 변화에 대해 언급하지 않는 역사학자가 있는가? 그리고 현대에 들어와서, 국민 공회[9]를 맹렬히 지지했던 사람들과 나폴레옹(Napoleon Bonaparte)의 온순한 노예들 사이의 기질 차이보다 더 두드러져 보이는 것이 있는가? 당시 프랑스 사람들이 몇 년 사이에 완전히 변해버린 것처럼 보일지라도, 그럼에도 그들은 똑같은 사람이었다.

이런 변화의 원인들을 밝히기 위해서, 먼저 다음과 같은 사실을 상기할 필요가 있다. 하나의 해부학적 종(種)이 그렇듯이, 심리학적 종(種)도 더 이상 환원시킬 수 없는, 매우 작은 수의 근본적인 특징들로 이뤄져 있으며, 이 근본적인 특

....
8   르네상스 시대 이탈리아의 조각가이며 화가(1500-1571).
9   프랑스 혁명 기간인 1792년부터 1795년까지 존속했던 입법 기관.

징들을 중심으로 변화 가능한 부속적인 특징들이 무리를 이루고 있다는 사실 말이다. 동물의 뚜렷한 구조를 평범한 사람들의 눈에 드러나지 않을 정도로 변화시키는 육종가나 식물의 구조를 변형시키는 정원사는 종의 근본적인 특징을 조금도 바꿔놓지 않는다. 육종가나 정원사가 하는 것은 모두 부속적인 특징들에 영향을 주는 데서 그친다. 거기에 온갖 인공적인 기술이 동원되고 있음에도 불구하고, 그 동물과 식물의 근본적인 기질은 세대가 바뀔 때마다 언제나 다시 나타나게 되어 있다.

정신적 구조는 동물 종의 해부학적 특징만큼이나 변화 불가능한 근본적인 특징들을 갖고 있는 한편, 쉽게 변화하는 부대적인 특징도 갖고 있다. 환경이나 상황, 교육, 그리고 다양한 다른 요소들이 쉽게 변화시킬 수 있는 것은 바로 이 부대적인 특징들이다.

또 우리 모두가 정신적 구조 속에 기질의 가능성들을 소유하고 있다는 점도 기억해야 한다. 이것이 아주 중요하다. 그런데 상황이 기질의 가능성들에게 스스로를 표현하고 나설 기회를 언제나 제공하는 것은 아니다. 그러나 기질의 이런 가능성들이 전면으로 부상할 때, 다소 단명한 새로운 어떤 인격이 당장 형성된다. 중대한 정치적 위기나 종교적 위기가 닥친 시기에 관찰되는 기질의 일시적 변화는 바로 그런 것이다. 이 같은 일시적 변화가 태도와 사상, 품행 등 한마디로 말해 모든 것이 변했다는 것을 암시하는 것처럼 보인다. 폭풍이 몰아치면 잔잔하던 호수가 거칠게 변하듯이, 모든 것이 정말 변하지만, 그 변화가 오래 지속되는 예는 드물다.

중대한 종교적 및 정치적 위기 속에서 활동하는 행위자들이 마치 우리보다 더 우수한 물질로 만들어진 것처럼 보이는 것은 예외적인 사건들에 의해 작동하게 된 기질의 이런 가능성들 때문이다. 그런 위기 상황에서 적극적으로 활동하는 사람들을 보면 그들은 거인 같고, 평범한 우리는 그들의 쇠약한 아들 같다는 느낌이 든다. 실제로 보면 그들도 우리와 다르지 않은 인간이다. 다만 당시의 상황 속에서 그들은 우리 모두가 갖고 있는 기질의 가능성들을 자유롭게 풀어 놓았을 뿐이다.

예를 들어, "국민 공회의 거인들"을 보라. 유럽 전체를 저지하면서 단순히 반박하는 적들까지도 단두대로 보냈던 그 "거인들" 말이다. 기본적으로, 그들은 우리처럼 착실하고 온화한 시민들이었으며, 평상시였다면 아마 자신의 서재나 계산대 뒤에서 더없이 차분하고 소극적인 존재를 영위했을 사람들이었다. 특별한 사건들이 그들의 일부 뇌 세포에 진동을 일으켰으며, 그들은 후손도 이해하지 못해 당혹스러워할 그런 놀랄 만한 인물로 발달했다. 아마 일상적인 상황이었다면 그들의 뇌 세포도 활성화되지 않았을 것이다.

만약에 100년 뒤에 태어났더라면, 로베스피에르(Maximilien Robespierre)[10]는 의심할 여지없이 지방의 성직자와 탁월한 관계를 맺은 가운데 정직한 행정관이 되었을 것이다. 푸키에 탱빌(Fouquier Tinville)[11]은 아마 직업에 따른 가혹함과 거만함에서는 동료들보다 더 심한 모습을 보였을 것이지만 비행을 저지르는 자를 문책하려는 열성으로 높이 평가받는 그런 치안 판사가 되었을 것이다. 생 쥐스트(Saint-Just)[12]는 상관들로부터 사랑을 받는 우수한 교사가 되어, 틀림없이 받았을 훈장을 만년에 매우 자랑스럽게 여기는 그런

....

10 프랑스 혁명기의 정치인이자 철학자, 법률가(1758-1794). 공포정치를 행하다가 테르미도르의 쿠데타로 반대파에 의해 처형당했다.

11 프랑스 혁명기의 공포 정치 때 설치된 혁명 재판소의 검사(1746-1795). 로베스피에르에 충실했으나 테르미도르의 쿠데타 때 그에게 유죄를 선고했다. 그런 그도 결국엔 단두대에서 처형되었다.

12 프랑스 혁명 시대의 정치가(1767-1794). 로베스피에르의 공포정치를 적극 지지했으며, 로베스피에르 등과 함께 단두대에서 처형되었다.

사람이 되었을 것이다. 이 같은 예상의 정확성에 대한 의문을 제거하기 위해서라면, 서로의 머리를 자를 시간이 충분하지 않았던 탓에 나폴레옹이 그런 사나운 테러리스트들과 더불어 성취한 것들에 대해 언급하는 것만으로도 충분할 것이다. 그들 중 다수는 성실한 관리와 세금 징수원, 치안 판사, 장관이 되었다. 앞에서 언급한, 폭풍이 일으켰던 거센 파도도 가라앉고, 거친 모습을 보이던 호수도 잔잔한 수면을 되찾은 것이다.

더없이 어수선한 시대에도, 그리고 더없이 이상한 방향으로 인격의 변화를 보이는 사람들의 내면에서도, 새롭게 일어나고 있는 발달 그 밑에서 민족의 근본적인 특징들을 찾아내는 것은 쉬운 일이다. 프랑스의 엄격한 자코뱅 당원들이 추구한 중앙집권적이고 독재적인 정치 체제와 열다섯 번의 세기 동안 군주제를 거치면서 프랑스 국민이 익숙했던, 중앙집권적이고 독제적인 정치 체제 사이에 실제로 큰 차이가 있었는가?

라틴 민족에 속하는 국민들의 혁명은 모두 지배당하기를 원하는 불치(不治)의 욕구 때문에 언제나 이 정치 체제를 되살리는 것으로 끝난다. 이유는 이 정치 체제가 라틴 민족의 본능들의 총합 같은 것을 나타내고 있기 때문이다.

나폴레옹 보나파르트가 프랑스의 지배자가 될 수 있었던 것은 그의 승리들에 따른 마법 때문만은 아니었다. 그가 공화국을 독재 정부로 바꿔놓았을 때, 유전으로 내려오던 그 민족의 본능들이 날이 갈수록 더욱 강하게 드러나고 있었다. 정말이지, 보나파르트라는 천재 장교가 없었다 하더라도, 다른 군인 모험가가 그 역할을 수행했을 것이다. 50년 뒤에 그의 이름을 계승한 인물은 그냥 모습을 드러내는 것만으로도, 당시에 자유에 질려 예속을 갈구하던 국민의 표를 충분히 얻을 수 있었다. 나폴레옹의 운명을 결정한 것은 브뤼메르 18일 쿠데타가 아니라 그의 민족의 영혼이었으며, 이 민족의 영혼을 그는 강철 군화로 짓밟게 된다.

환경이 인간들에게 행사하는 영향력은 아주 큰 것처럼 보인다. 이유는 환경이 부속적이고 과도적인 요소들이나 우리가 지금 논하고 있는 기질의 가능성들에 작용하기 때문이다. 그러나 실제로 보면 그 변화는 그다지 깊지 않다. 온화하기 그지없는 사람도 기아에 시달리면 어느 정도의 포악함을 보이며, 이 포악함은 그 사람이 온갖 범죄를 다 저지르도록 할 수 있으며 심지어 경우에 따라서는 동료 인간을 먹도록 하기도 한다. 이런 경우에 그 사람의 습관적인 기질이 결정적으로 변했다는 식으로 말할 수 있을까?

만약에 문명의 조건들이 소수의 사람들에게 극도의 부(富)를 안겨주고 그 소수의 사람들이 사치의 불가피한 결과로 온갖 악덕을 발달시킨다면, 그래서 만약에 문명의 조건들이 인구 중 나머지 사람들의 욕망을 부추겨 놓고는 그것을 충족시킬 수단을 제공하지 않는다면, 그 결과 전반적으로 불만과 동요가 일어날 것이다. 그러면 이 불만과 동요는 사람들의 행동에 영향을 미치고 온갖 종류의 격변을 야기하지만, 이런 불만이 표현되고 격변이 일어나는 중에도 민족의 근본적인 특징들은 언제나 모습을 드러낼 것이다. 과거에, 영국에서 출생한 미국 주민들은 남북전쟁에 가담해야 하는 상황에 처했을 때에도 오늘날 마을과 대학, 공장을 세울 때와 똑같이 불굴의 에너지를 보였다. 국민의 기질은 변하지 않았으며, 단지 국민의 기질을 발휘하도록 하는 대상만 바뀌었을 뿐이다.

국민의 정신적 구조에 영향을 미칠 수 있는 다양한 요인들을 하나씩 검토할 경우에, 그 요인들이 언제나 기질의 부속적이고 과도적인 측면에만 영향을 미친다는 것이 관찰된다.

그 요인들은 근본적인 요소에는 거의 영향을 미치지 못하거나, 매우 서서히 일어나는 유전적 축적을 통해서만 영향을 미친다.

지금까지 말한 내용을 근거로, 국민의 심리적 특징들은 변화 불가능한 것이 아니라, 해부학적 특징들처럼 고도의 불변성을 갖고 있다는 결론이 가능하다. 민족의 영혼이 오랜 세월을 거치면서 아주 천천히 변하는 것은 바로 이 불변성 때문이다.

3장
민족의 심리적 등급

  자연의 역사를 다룬 책에서 종을 분류한 근거들을 면밀히 검토하면, 각각의 종을 결정하는 근본적인 특징들은 수적으로 매우 적다는 사실이 금방 관찰된다. 그 특징들을 나열하면 언제나 단 몇 줄로 끝난다. 이유는 동물학자나 식물학자가 오직 불변하는 특징들에만 관심을 쏟고 일시적인 특징에 대해서는 전혀 신경을 쓰지 않기 때문이다. 더욱이 이 근본적인 특징들은 그 불가피한 결과로서 완전히 다른 일련의 특징들을 갖고 있다.

  민족들의 심리적 특징도 다를 것이 하나도 없다. 세부적으로 파고들면, 다양한 국민들과 다양한 개인들 사이에 작은 차이들이 무수히 많이 존재하는 것으로 드러난다. 한편, 근본적인 특징만을 고려한다면, 각 국민마다 내세울 수 있는 특징의 숫자는 아주 작아진다. 이 작은 수의 근본적인 특징들이 국민들의 삶에 미치는 영향을 명쾌하게 보여주는 방법은 오직 예들을 제시하는 방법뿐이다. 곧 매우 특징적인 예들이 제시될 것이다.

민족들을 심리학적으로 분류하는 바탕들을 설명하는 유일한 방법은 다양한 국민들의 심리를 세세하게 연구하는 것이고, 이 방법은 그 자체로 몇 권의 책을 요구하는 방대한 과제이기 때문에, 우리는 그 바탕 중 핵심적인 것만을 대략적으로 파악하는 선에서 그칠 것이다.

민족들의 일반적인 심리적 특징들만을 고려한다면, 민족은 4가지 집단으로, 말하자면 원시적인 민족과 열등한 민족, 평균적인 민족, 우등한 민족으로 분류될 수 있다.

원시적인 민족은 문화의 흔적이 전혀 보이지 않는 민족이다. 그런 민족은 인류의 조상들이 석기 시대에 벗어난 동물의 상태와 가까운 조건 속에 그대로 남아 있다. 푸에고 섬[13]

....
13 남아메리카 남쪽 끝에 있는 섬.

의 원주민들과 호주의 원주민들이 그런 예이다.

원시적인 민족들보다 위에 특히 흑인들로 대표되는 열등한 민족들이 있다. 이 민족들은 문명의 초보 단계에, 오직 초보 단계에만 이를 수 있다. 그들은 야만적인 형태의 문명 그 너머까지 이르지 못했다. 생 도미니크[14]의 경우처럼 기회가 자신들을 우등한 문명의 후계자로 만들어줄 때조차도, 그들은 그 선을 넘지 못했다.

평균적인 민족에는 중국인과 일본인, 몽골인, 셈족 등이 포함된다. 평균적인 수준의 민족 중에서 아시리아인과 몽골인, 중국인, 아랍인은 높은 유형의 문명을 창조했으며, 그들을 앞서는 사람은 유럽인뿐이다.

인도-유럽어를 말하는 국민들만이 우등한 민족으로 분류될 수 있다. 그리스인들과 로마인들의 시대였던 고대뿐만 아니라 현대에도 똑같이, 그 국민들만이 예술과 과학, 산업에서 위대한 발명을 이룰 수 있었다. 오늘날 문명이 높은 수준에 이를 수 있었던 것도 그들 덕분이다. 증기와 전기를 발견한 것도 그들이다. 이 우등 민족들 중에서 발달이 가장 뒤처져 있는 민족들, 특히 힌두인은 예술과 문학, 철학 분야에서

....
14 지금의 아이티를 말하며, 1659-1804년까지 프랑스 식민지였다.

몽골인이나 중국인, 셈족이 아직 이르지 못한 수준에 이르렀다.

앞에서 나열한 4가지 큰 구분 사이에 혼동은 절대로 일어날 수 없다. 그 민족들을 가르고 있는 정신적 심연이 너무나 뚜렷하기 때문이다. 어려움이 시작되는 때는 바로 이 집단들을 다시 세분하려 할 때이다. 한 사람의 영국인이나 스페인인, 러시아인은 모두 우등한 국민의 범주에 속하지만, 그들 사이에도 차이가 아주 크다는 것은 주지의 사실이다.

이 차이를 정확하게 파악하려면, 각 국민을 별도로 고려하면서 기질을 세세하게 묘사하는 작업이 필요하다. 조금 있다가 이 국민들 중 둘을 선택해서 그들의 기질을 파악하려 노력할 것이다. 그때 우리가 채택하는 방법이 바로 그런 작업이다. 그 대목에서 그 방법을 적용하면서 기질 차이의 중요성을 보여줄 계획이다.

당분간은 민족들의 구별을 가능하게 하는 중요한 심리적인 요소들의 본질을 아주 대략적으로 암시하는 선에서 만족해야 한다.

원시적인 민족과 열등한 민족을 발견하길 원한다면, 순수한 미개인들을 찾아 나설 필요조차 없다. 유럽 사회들의 가장 낮은 계층이 원시인이나 거의 다름없기 때문이다. 원시적인 민족과 열등한 민족들 사이에선, 추론을 하지 못하는 무능력이 언제나 다소 확인된다. 더 정확히 말하면, 과거의 감각들이나 그 감각들의 기호인 단어들에 의해 만들어진 생각들과 현재의 감각들에 의해 만들어진 생각들을 서로 비교하며 그것들 사이의 비슷한 점과 다른 점을 지각할 목적으로 그 생각들을 뇌 안에서 서로 연결시키는 능력이 거의 없다는 뜻이다. 이처럼 추론을 하지 못하는 무능력 때문에, 무엇이든 쉽사리 믿으려는 태도가 생기고 비판 정신이 완전히 부재하게 된다. 우등한 존재의 경우에는 이와 정반대로 생각들을 연결시키는 능력과 그 연결에서 결론을 끌어내는 능력이 아주 뛰어나며, 비판 정신과 정밀성도 잘 발달되어 있다.

열등한 민족들은 또 관심을 집중하는 능력과 반성의 능력도 크게 떨어진다. 그런 민족들은 모방 정신이 매우 강하다. 그런 민족들에겐 또 구체적인 사건들로부터 부정확한 일반적 조건을 끌어내려는 버릇이 있다. 관찰 능력이 약하고, 자신의 관찰에서 유익한 결과를 끌어내는 능력도 약하다. 기질의 유동성이 극히 심하고, 통찰력도 극히 떨어진다. 그런 민족을 이끄는 유일한 안내자는 매 순간의 본능이다. 원시적인 존재의 전형인 에서(Esau)[15]처럼, 원시적인 민족과 열등한 민족은 한 그릇의 죽, 즉 눈앞의 이익을 위해서 자신의 권리를 파는 성향이 있다. 인간이 자신의 미래를 즉시적인 이익에 비춰가며 신중하게 생각하면서 스스로 목표를 정하고 인내심을 발휘하면서 그 목표를 추구할 줄 알 때, 그 사람은 상당한 진전을 일군 것이나 다름없다.

행동이 먼 미래에 끼칠 결과를 예견하지 못하는 무능력과 순간의 본능만 따르려 드는 경향은 민족뿐만 아니라 개인에게도 영원히 열등한 상태에 남도록 하는 저주를 내린다. 사람이 훈련의 중요성과 어떤 이상(理想)에 대한 헌신의 필요성, 그리고 자신을 문명화된 상태로 끌어올릴 필요성을 이해하는 능력은 자신의 본능을 지배할 수 있는 능력과 비례한다. 말하자면, 사람들이 의지력을 키우고, 그 결과 자기 자신을 다스릴 줄 아는 능력을 키우는 것이 아주 중요하다는 뜻이다.

역사에 등장하는 민족들의 사회적 수준을 단 한 가지 기준으로 측정해야 한다면, 나는 민족들이 자신의 반사적 충동을

....
15 '창세기'에 동생 야곱에게 상속권을 판 것으로 나온다. 보통 눈앞의 이익에 눈이 어두운 사람을 일컫는다.

지배하려는 태도의 강도를 제시해야 한다. 고대의 로마인들과 현대의 영국계 미국인들이 이런 특징을 아주 많이 소유하고 있는 사람들을 대표한다. 이 특징이 그들의 위대성에 크게 기여했다.

방금 열거한 다양한 심리적 요소들은 서로 함께 작용하는 한편으로 개별적으로도 발달하면서 개인들과 민족들의 분류를 허용하는 그런 정신적 구조를 형성한다. 이 심리적 요소들 중 일부는 기질에 속하고, 나머지는 지성에 속한다.

우등한 민족은 열등한 민족과 지성뿐만 아니라 기질 면에서도 다르다. 그러나 우등한 민족들이 서로 구분되는 것은 단연 기질 때문이다. 이 점이 사회적으로 상당한 중요성을 지니며, 따라서 이에 대해 확실히 설명하고 넘어갈 필요가 있다.

기질은 다양한 요소들의 결합에 의해 형성된다. 이때 각 요소들이 차지하는 비중은 당연히 민족마다 다 다르다. 이 요소들을 오늘날 심리학자들은 '정서'라는 이름으로 부르는 데 익숙하다.

가장 중요한 역할을 하는 정서들 중에서, 다소 의지에 좌우되는 능력들, 이를테면 인내와 활력, 자제력 등이 특별히 강조되어야 한다. 또 도덕성을 기질의 근본적인 요소에 포함시키고 싶다. 도덕성이란 것이 다소 복합적인 정서들의 통합일지라도 말이다.

도덕성은 한 사회가 존재의 기반으로 삼고 있는 규칙들을 대대로 존중하는 것을 뜻한다. 한 국민에게, 도덕성을 갖고 있다는 것은 곧 확고한 어떤 행동 규칙을 갖고 있으면서 그 규칙에서 벗어나지 않는 것을 의미한다. 이 규칙들이 시대와 장소에 따라 다르기 때문에, 도덕성이 매우 유동적인 문제처럼 보이고 실제로도 그렇긴 하지만, 정해진 어느 국민에게, 또 정해진 어느 때에 도덕성은 꽤 불변해야 한다. 도덕성은 지성의 결과물이 아니라 어디까지나 기질의 결과물이기 때문에 유전적인 것이 되고, 따라서 무의식적인 것이 될 때까지는 절대로 단단히 구축되지 않는다. 일반적으로, 국민의 위대성은 도덕성의 수준에 크게 좌우된다.

지적인 자질들은 교육에 의해 약간 변할 수 있지만, 기질적인 특징은 교육의 영향을 거의 완전히 피할 수 있다. 기질이 교육의 영향을 받는 사람이라면, 그 사람은 모호한 천성의 소유자임에 틀림없다. 그 사람의 의지는 거의 없는 것이나 마찬가지일 것이며, 따라서 그 사람은 자신을 자극하는 충동이면 무엇이든 따를 준비가 되어 있을 것이다. 이런 애매모호한 천성을 개인들 사이에서는 발견할 수 있지만, 전체 국민이 그런 경우는 매우 드물다. 설령 애매모호한 천성의 국민이 관찰된다 하더라도, 그때 그 국민은 틀림없이 극도의 쇠퇴기에 놓여 있을 것이다.

지력이 발견한 것들은 이 민족에서 다른 민족으로 쉽게 전달된다. 그러나 기질에 속하는 특징들을 전달하는 것은 불가능하다. 그 특징들은 우등한 국민들의 정신적 구조를 두드러지도록 만드는 근본적인 요소들이다.

지력에 의한 발견은 인류의 공동 유산이지만, 기질의 자질 또는 결함은 각 민족의 독점적인 세습 유산이다. 그것은 단단한 바위와 같다. 그래서 꺼칠꺼칠한 표면이 닳는 데에도 수 세기에 걸친 비바람이 필요하다. 기질의 자질들 또는 결함들은 종(種)의 근본적인 요소들과 똑같다. 물고기의 지느러미나 새의 부리, 육식 동물의 이빨과 비슷하다.

국민의 지성이 아니라 기질이 그 국민의 역사적 진화를 결정하고 운명을 좌우한다. 기질의 영향은 국민들의 삶에 아주 중요한 반면에, 지성의 영향은 사실 매우 약하다. 쇠퇴기의 로마인들은 거칠었던 조상들보다 훨씬 더 세련된 지성을 갖고 있었지만, 그때 이미 그들은 조상들이 가졌던 기질적 자질들을 잃은 상태였다. 말하자면, 인내와 활력, 불굴의 집념, 이상(理想)에 헌신할 줄 아는 능력, 그리고 조상들을 위대하게 만들었던 법률에 대한 존경 등이 없었던 것이다.

6만 명의 영국인이 2억5천 만 명에 달하는 힌두인들을 지배할 수 있는 것은 영국인들의 기질 때문이다. 힌두인들 중 많은 사람들은 적어도 지성의 면에서는 영국인과 대등했으며, 소수의 힌두인은 예술적 취향과 철학적 관점의 깊이에서 영국인을 앞섰다. 따라서 영국인이 역사상 가장 거대한 제국의 지배자가 될 수 있었던 것은 그들의 기질 때문이라고 할 수 있다. 사회와 종교, 제국을 건설하는 데 투입되는 것은 지성이 아니라 기질이다. 국민들이 느끼고 행동하도록 만드는 것은 기질이다. 국민은 추론하고 사고하려는 욕망이 지나치게 큰 데서 절대로 많은 이점을 끌어내지 못했다.

민족이 세계와 삶에 대해, 따라서 자신의 행동에 대해 어떤 인식을 품을 것인지를 결정하는 것은 그 민족의 정신적 구조이다. 곧 이 진술을 뒷받침하는 중요한 예들이 제시될 것이다. 외적인 것들에 어떤 특별한 방식으로 인상을 받는 개인은 그와 다른 정신적 구조를 가진 사람들이 느끼고 생각하고 행동하는 방식과 매우 다르게 느끼고 생각하고 행동할 것이다. 그 결과, 서로 매우 다른 경로로 구축된 정신적 구조들이 상호 이해에 이르는 것은 거의 불가능한 일이 된다.

보다 구체적으로 보면, 지난 1세기 동안에 일어난 민족들의 갈등은 각 민족의 기질이 서로 양립 불가능하기 때문에 일어나고 있다. 서로 다른 민족들은 똑같은 방식으로 느끼거나 생각하거나 행동하지 못한다는 것을, 따라서 서로를 이해하지 못한다는 것을 지속적으로 명심하지 않는다면, 역사를 제대로 이해하는 것은 절대로 불가능하다. 틀림없이, 서로 다른 민족들은 각자의 언어에 서로가 동의어라고 생각하는 공통적인 단어를 갖고 있지만, 이 공통적인 단어는 그것을 듣는 다른 민족의 내면에 완전히 다른 감각과 생각, 사고방식을 불러일으킨다.

다양한 민족들의 사고에 나타나는 차이의 깊이를 제대로 이해하기 원한다면, 정신적 구조가 우리의 정신적 구조와 눈에 두드러질 만큼 다른 사람들 틈에서 살아볼 필요가 있다. 설령 그 나라 사람들 중에서 우리의 언어를 말하고 우리의 교육을 받은 사람들하고만 친하게 지내게 될지라도 말이다.

굳이 넓은 지역을 여행하지 않아도 각 민족 사이에 나타나는 사고방식의 차이를 어느 정도 짐작할 수 있다. 문명화된 남자와 여자 사이에 존재하는 그 엄청난 정신적 분리를 관찰한다면, 각 민족 사이의 차이는 너무나 당연하다. 여자의 교육 수준이 대단히 높을지라도, 여자와 남자 사이에 정신적 분리는 엄연히 존재한다. 남자와 여자가 공통의 이해관계와 정서를 갖고 있을 수 있지만, 그래도 남자와 여자의 사고 과정은 절대로 똑같지 않다. 남자와 여자는 서로를 이해하지 않고도 몇 세기 동안 서로 대화할 수 있을지도 모른다. 남자와 여자가 서로를 이해하지 못하는 이유는 그들이 서로 너무나 다른 노선에 따라 구축된 탓에 똑같은 외적인 것에 똑같은 인상을 받지 못하기 때문이다. 남녀의 논리적인 능력에 나타나는 차이만도 둘 사이에 극복할 수 없는 간극을 일으키기에 충분하다.

서로 다른 민족들의 정신적 구조 사이에 자리 잡고 있는 이 심연은 우등한 민족이 열등한 민족에게 자신의 문명을 절대로 강요할 수 없었던 이유를 설명해준다. 지금도 널리 퍼져 있는 어떤 사상, 말하자면 교육이 이 같은 결과를 성취할 수 있다는 사상은 순수 이성의 이론가들이 지금까지 한 번도 현실로 구현하지 못한 치명적인 망상 중 하나일 뿐이다.

가장 열등한 존재들이 가진 기억력 덕분에, 물론 이것은 인간에게만 국한된 특권은 절대로 아닌데, 인간의 등급에서 다소 아래에 속하는 개인에게 교육을 통해서 유럽인이 가진 개념들을 전부 전하는 것은 틀림없이 가능한 일이다. 예를 들어 흑인이나 일본인도 대학 학위를 쉽게 받거나 변호사가 될 수 있을 것이다. 그러나 이 흑인이나 일본인이 그렇게 함으로써 얻는 것은 꽤 피상적이며, 그 사람의 정신적 구조에 전혀 영향을 끼치지 않는다. 어떠한 교육도 그 사람에게 사고의 형식과 논리, 특히 서양인의 기질을 주지 못한다. 이런 것들은 유전을 통해서만 창조될 수 있는 것이기 때문이다.

앞에서 말한 흑인이나 일본인은 온갖 가능한 자격증을 다 딴다 해도 평균적인 유럽인의 수준에도 이르지 못할 것이다. 이 흑인이나 일본인에게 교육 수준이 꽤 괜찮은 영국인의 문화를 10년 안에 전하는 것은 쉬운 일이다. 그러나 이 흑인이나 일본인을 한 사람의 진정한 영국인으로 만드는 데는, 말하자면 이 사람이 삶의 온갖 다양한 상황에서 영국인으로 행동하도록 만드는 데는 아마 1,000년의 세월도 충분하지 않을 것이다. 어떤 국민이 갑자기 언어나 기질, 믿음, 예술을 변화시킨다면, 그 변화는 어디까지나 겉모습에 불과하다. 이유는 그런 변화가 진정으로 일어나려면, 그 국민의 영혼을 바꿔놓을 수 있어야 하기 때문이다.

4장
개인과 민족의 점진적 분화

　우등한 민족들은 심리적 및 해부학적 특징에 의해서만 열등한 민족과 구분되는 것은 아니다. 우등한 민족들을 구성하고 있는 요소들의 다양성에 의해서도 추가적인 구분이 이뤄진다. 열등한 민족에 속하는 모든 개인들은 똑같은 정신적 수준을 상당히 두드러지게 보인다. 거기에는 남녀 차이도 보이지 않는다. 열등한 민족의 개인들은 모두 서로 닮았으며, 따라서 그 개인들은 현대의 사회주의자들이 꿈꾸고 있는 평등의 완벽한 예이다. 우등한 민족들의 경우에는 이와 정반대로 개인들과 남녀 성별 사이에 지적 불균등이 나타나는 것이 원칙이다.

이런 이유 때문에, 국민들 사이의 차이를 제대로 평가하기 위해선 각 국민들의 열등한 대표자가 아니라 우등한 대표자들을 비교 대상으로 삼아야 한다. 예를 들어, 힌두인과 중국인, 유럽인의 평균적인 대표자들을 비교 대상으로 삼으면, 그들 사이에 지적 차이는 그야말로 조금밖에 나지 않는다. 한편, 그들의 우등한 대표자들을 서로 비교하면, 그 차이는 꽤 큰 것으로 드러난다.

문명의 발전과 더불어, 민족뿐만 아니라 각 민족의 개인들, 적어도 우등한 민족의 개인들은 더욱더 분화되는 경향을 보이고 있다. 평등이라는 우리의 꿈과 충돌을 빚고 있는 현대 문명의 결과는 인간들을 지적으로 더욱 동일한 존재로 만드는 것이 아니라 정반대로 지적으로 더욱 다른 존재로 만드는 것으로 나타났다.

문명의 중요한 결과 중 하나는 문명이 한편으로는 높은 수준의 문화를 이룬 민족에게 더욱더 많은 지적 노력을 요구함에 따라 그 민족을 더욱 두드러지게 만들고, 다른 한편으로는 문명화된 민족을 이루고 있는 다양한 계층들 사이의 차이를 더욱 확대한다는 점이다.

현대적인 산업 발전의 조건들은 문명화된 국가의 열등한 계급들이 고도로 전문화된 노동에만 전념하도록 강요하고 있으며, 이런 노동은 열등한 계급들의 지력을 증대시키기는 커녕 떨어뜨리는 경향을 보인다. 100년 전에, 노동자는 어떤 기계 장치라도 만들어낼 수 있는, 예를 들면 시계의 부품 전부를 만들어낼 수 있는 명실상부한 명인이었다. 그러나 오늘날 노동자는 단지 한 사람의 임금 노동자에 불과하다. 이 노동자는 한 가지 전문적인 기술 외에 다른 것을 내놓지 못한다. 노동자는 똑같은 구멍을 뚫거나, 똑같은 부분에 광을 내거나, 똑같은 기계를 운전하면서 평생을 보낸다. 그 결과, 노동자의 지력이 급격히 쇠퇴하게 되었다. 노동자에게 지시를 내리는 제조업자 또는 엔지니어는 반대로 발견과 경쟁의 압박 때문에 1세기 전의 선임자들보다 훨씬 더 많은 학식과 모험심과 발명 능력을 갖지 않을 수 없다. 제조업자나 엔지니어의 뇌는 끊임없이 단련되며, 그런 경우에 모든 신체 장기에 적용되는 법칙에 따라서 뇌도 더욱더 개발된다.

토크빌은 산업이 오늘날의 수준에 이르기 훨씬 전에 이미 사회적 계급에 나타나는 이런 점진적 차이에 대해 지적한 바 있다. "분업의 원칙이 엄격히 적용될수록, 노동자는 그만큼 더 약해지고, 지능도 더 떨어지고, 더욱 의존적인 존재로 변한다. 기술이 발달할수록, 기능공은 퇴보하게 된다. 고용주와 노동자의 차이는 날이 갈수록 더욱더 벌어질 것이다."

현재 우등한 민족은 지적 관점에서 보면 일종의 계단식 피라미드를 이루고 있는 것으로 여겨질 수 있다. 이 피라미드의 계단 중 다수는 인구 중 다수 집단이 차지하고 있고, 위의 계단들은 지적인 계급이 차지하고 있고, 피라미드의 꼭대기는 과학자와 발명가, 예술가, 작가 등 극소수의 엘리트가 차지하고 있다. 꼭대기를 형성하고 있는 이 집단은 인구의 나머지와 비교하면 극히 작은 집단이지만, 문명의 지적 등급에서 그 나라의 순위를 결정하는 유일한 집단이다. 이 집단이 몽땅 사라지면, 그 민족의 영광을 이루는 모든 것이 동시에 사라질 수 있다. 생 시몽(Saint-Simon)[16]이 적절히 관찰했듯이 말이다. "만약 프랑스가 나라를 이끌고 있던 최고의 과학자 50명과 예술가 50명, 제조업자 50명, 농학자 50명을 어느 한 순간에 한꺼번에 잃는다면, 이 나라는 영혼 없는 육체가 될 것이고, 목이 잘리는 꼴이 될 것이다. 반대로 만약에 프랑

....
16 프랑스의 사상가이자 경제학자(1760-1825). 계몽주의의 영향을 받은 공상적 사회주의자이며, 마르크스에게 영향을 끼쳤다.

스가 관리들을 모두 잃는다면, 프랑스인들은 인정이 많은 사람이라서 그들의 상실에 마음 아파할 것이지만 프랑스라는 나라는 거의 아무런 해를 입지 않을 것이다."

문명의 발달과 더불어, 나라의 인구 중 최고 계층과 최하 계층 사이의 차이가 빠른 속도로 커지고 있다. 그 차이는 간혹 수학자들이 "기하급수적"이라고 부르는 그런 속도로 커지는 경향을 보인다. 그 결과, 유전의 어떤 효과들이 간섭하지 않는다면, 어느 인구의 우등한 계층들이 열등한 계층들과 지적으로, 백인과 흑인을 분리시키고 있는 그 거리만큼, 아니 심지어 흑인과 원숭이를 분리시키고 있는 그 거리만큼 멀리 분리되는 것은 시간문제이다.

그러나 사회 계층 사이의 지적 차이는 꽤 커지긴 할지라도 몇 가지 이유 때문에 이론적으로 가능한 그런 속도로 나타나지는 않을 것이다. 먼저, 그 차이가 거의 지력에 국한되고 있으며, 기질에는 아주 약하게만 영향을 미친다는 점이다. 우리는 민족의 삶에 근본적인 역할을 하는 것은 지력이 아니라 기질이라는 것을 알고 있다. 둘째, 일반 대중이 오늘날 그들의 조직과 훈련 덕분에 막강해지는 경향을 보이고 있다는 점이다. 대중이 지적 우월을 증오하는 것이 분명하기 때문에,

지적인 모든 귀족 사회는 주기적으로 일어나는 혁명에 의해 폭력적으로 파괴될 운명에 처하고 있다. 1세기 전에 고대의 귀족이 파괴되었던 것과 똑같이. 귀족 사회가 파괴되는 속도는 대중이 조직화되는 속도에 비례할 것이다. 사회주의가 유럽에서 지배자가 될 때, 그것이 지속될 수 있는 유일한 길은 보잘 것 없는 수준 그 이상으로 자신을 성장시킬 능력을 물려받은 개인이면 무조건 죽이는 것이 될 것이다.

  방금 제시한 두 가지 이유들의 순서는 정해져 있는 것이 아니다. 그 이유들이 서로 다를 수밖에 없는 문명의 조건들의 결과이기 때문이다. 그러나 그것들보다 훨씬 더 중요한 원인이 한 가지 더 있다. 그것은 곧 거스를 수 없는 자연의 법칙이다. 이 법칙은 늘 한 나라의 엘리트가 열등한 계층들과 지적으로 뚜렷이 달라지지 않도록 막지 않고 지나치게 빨리 달라지지 않도록 막을 것이다. 같은 민족의 구성원들 사이에도 차이가 더욱 두드러지게 나게 하는 경향이 있는 문명의 현재 조건은 막강한 어떤 유전의 법칙을 정면으로 마주하고 있다. 이 유전의 법칙은 평균을 지나치게 능가하는 개인들의 소멸을 초래하거나 그런 개인들을 평균 수준으로 끌어내리는 경향이 있다.

유전을 연구한 저자들의 관찰은 지능이 탁월한 가문들의 후손들은 조만간, 대개 일찍부터 쇠퇴의 과정을 겪게 된다는 점을 이미 증명했다. 이 쇠퇴 과정은 탁월한 가문들을 완전히 소멸시키는 경향을 보인다.

그렇다면 두드러진 지적 우등은 동시에 탁월한 지능을 가진 사람들이 쇠퇴할 후손을 남긴다는 벌칙까지 포함하고 있는 것 같다. 실제로, 앞에서 말한 사회적 피라미드의 맨 윗부분은 아래쪽의 요소들을 흡수한다는 조건에서만 존속할 수 있다. 만약에 엘리트 집단을 이루고 있는 개인들이 고립된 섬으로 추방당한다면, 그들 사이의 '근친결혼'은 쇠퇴한 징후들을 다양하게 보이는, 따라서 급속도로 사라질 그런 어떤 혈통을 낳게 될 것이다. 두드러진 지적 우등은 정원사의 기술에 의해서 창조된 식물의 기형과 비교할 수 있다. 스스로의 힘으로 살아가도록 내버려두면, 기형이 된 식물은 죽어 사라지거나 종(種)의 평균적인 유형으로 돌아간다. 이는 종이란 것이 엄청난 세월 동안 내려오는 조상들을 모두 대표하는 까닭에 대단히 강하기 때문이다.

다양한 민족들을 면밀히 연구해 보면, 한 민족의 개인들은 지능에서 서로 엄청난 차이를 보일지라도, 내가 앞에서 보여준 바와 같이, 오랜 세월에도 영원성을 보이는 바위와도 같은 기질의 면에서는 약간의 차이밖에 보이지 않는다는 사실이 드러난다. 따라서 어떤 민족을 연구할 때, 그 민족을 서로 매우 다른 두 가지 관점에서 고려해야 한다. 지적인 관점에서 보면, 민족의 가치는 문명의 과학적, 문학적, 산업적 발달을 이루는 원동력인 작은 엘리트 집단에 의존한다. 기질의 관점에서 보면, 평균을 아는 것만 중요할 뿐이다. 민족의 힘은 언제나 이 평균의 수준에 좌우된다. 민족은 고난의 시기에 지적인 엘리트 집단 없이는 그럭저럭 헤쳐 나갈 수 있지만 어느 정도 수준의 기질 없이는 그렇게 하지 못한다. 이 진술에 대한 증명이 곧 따를 것이다.

따라서 시간이 흐를수록 어느 한 민족의 개인들은 지적으로 서로 차이를 더욱 키워갈 것이지만, 기질에 관한 한 개인들은 언제나 민족의 평균 유형의 주변을 맴도는 경향을 보인다. 한 나라의 구성원들 중 절대 다수는 이 평균 유형에 속하는데, 이 유형은 매우 느리게 진보한다.

적어도 우등한 민족들의 경우에, 이 근본적인 중심부 주변에서 얇은 층의 탁월한 정신의 소유자들이 발견되는데, 이 층의 행동은 문명에는 대단히 중요하지만 민족 자체에는 별

다른 중요성을 지니지 않는다. 탁월한 정신들로 이뤄진 이 얇은 층은 끊임없이 파괴되는 한편으로 평균적인 계층들의 희생을 통해 끊임없이 새로워지고 있다. 이 평균적인 계층은 나름대로 변화하지만 그 속도는 매우 더디다. 왜냐하면 아주 작은 변이들도 영속성을 얻기 위해서는 몇 세기에 걸쳐 유전에 의해 같은 방향으로 축적되어야 하기 때문이다.

나 자신이 해부학 연구에서 얻은 결론을 바탕으로 개인들과 민족들 사이의 차이에 관해 지금까지 제시한 견해를 갖게 된 것은 불과 몇 년 전의 일이다. 그리고 그 견해를 뒷받침하기 위해, 나는 지금 심리학적 근거만을 제시했다. 두 가지 종류의 관찰이 똑같은 결과로 이어지기 때문에, 이전에 있었던 나의 조사의 결론 중 일부를 여기서 다시 소개해도 무방할 것 같다. 이 결론들은 다양한 민족에 속하는 고대와 현대의 두개골 수 천 개를 대상으로 한 측정에 근거하고 있다. 핵심적인 단락을 여기 소개한다.

개인적인 예들을 고려 대상에서 제외시키고 종합적으로 다룰 때, 두개골의 크기는 지능과 밀접한 관계가 있다. 그렇다면, 우등한 민족과 열등한 민족을 나누는 것은 사람들의 두개골의 평균 용량에 나타나는 약간의 차이가 아니라, 우등한 민족이 뇌가 매우 잘 발달한 개인들을 어느 정도 포함하고 있는 반면에, 열등한 민족은 그런 개인들을 전혀 포함하고 있지 않다는 이 근본적인 사실이라는 점이 확인된다. 따라서 민족들은 민족을 이루는 일반 대중 때문이 아니라 군중과 뚜렷이 구분되는 작은 수의 개인들 때문에 서로 달라진다. 두 민족의 두개골에 나타나는 평균적인 차이는 꽤 열등한 민족이 고려 대상이 된 경우를 제외하고는 절대로 크지 않다.

과거와 현재에 속하는 다양한 민족들의 두개골을 비교하면, 두개골의 크기가 개인에 따라 차이가 많이 나는 민족들이 가장 문명화된 민족이라는 것이 확인된다. 또 민족이 문명화되었을수록, 그 민족을 구성하고 있는 개인들의 두개골이 더욱 분화된다는 사실도 확인된다. 이는 문명이 지적 균등을 이끌어내는 것이 아니라 지적 불균등을 낳고, 이 불균등은 언제나 더욱 뚜렷해지고 있다는 결론을 내리게 하는 사실이다. 해부학적 및 생리학적 균등은 오직 꽤 열등한 민족들의 개인들에게만 존재한다. 미개인 부족의 구성원들은 모두 똑같은 일을 추구하고 있는데, 이들 사이의 차이는 필연적으로 아주 작을 수밖에 없다. 어휘력이 300개 정도 되는 농민과 수십 만

개의 단어와 사상을 알고 있는 학자 사이에, 그 차이는 반대로 거대하다.

앞에 말한 내용에다가 나는 문명의 발달이 불러온 개인들의 차이는 남녀 성별 사이에도 뚜렷이 나타난다는 점을 덧붙여야 한다. 열등한 민족들 사이나 우등한 민족들의 열등한 계층들 사이에 남자와 여자는 지적으로 꽤 동등한 수준에 있다. 한편, 민족이 문명화될수록, 남자와 여자 사이의 차이도 더 커진다. 남자의 두개골과 여자의 두개골의 크기는 나의 연구에서처럼 비교한 두개골의 주인의 나이와 신장, 체중이 똑같은 경우에도 문명의 발달에 따라 차이가 빠르게 확대된다는 점을 보여준다. 이 차이는 열등한 민족들의 경우에 아주 작지만 우등한 민족들의 경우에는 아주 커진다. 우등한 민족에 속하는 여자들의 두개골은 열등한 민족에 속하는 여자들의 두개골에 비해 그야말로 조금 더 발달해 있다. 남자 파리 시민들의 두개골의 평균 크기는 알려진 두개골 중에서 가장 큰 편에 속하는 반면에, 여자 파리 시민들의 두개골의 평균은 알려진 두개골 중에서 가장 작은 편에 속한다. 중국인 여자들의 두개골과 거의 같은 수준이며, 뉴칼레도니아의 여자들의 두개골보다 약간 더 클까 말까 하는 정도이다.

5장
역사적 민족의 형성

　민족이라는 단어의 과학적 의미에서 말하는 그런 순수한 민족을 문명화된 국민들 중에서는 만나기 어렵다는 점에 대해선 이미 언급한 바 있다. 문명화된 국민들 사이에서 만나는 민족은 모두 역사적 민족이다. 역사적 민족이란 정복과 이주, 정치 등의 우연에 의해 창조되었고, 따라서 다양한 기원을 가진 개인들의 혼합에 의해 형성된 민족을 말한다.

　이런 이질적인 민족들이 어떤 식으로 결합하여 공통적인 심리적 특성을 지닌 하나의 역사적 민족을 형성하는가? 이것이 바로 우리가 파고들 문제이다.

먼저, 우연에 의해 함께 모이게 된 요소들이 언제나 서로 결합하게 되는 것은 아니라는 점을 보도록 하자. 오스트리아의 통치 아래에 사는 독일인과 헝가리인, 슬라브인, 그리고 기타 인구들은 서로 완전히 구분되는 민족을 형성하고 있으며, 이 민족들은 지금까지 융합하려는 시도를 한 번도 하지 않았다. 영국인들의 지배 아래에 사는 아일랜드인[17]도 융합이 일어나지 않고 있는 또 하나의 예이다. 북미 인디언들과 호주 원주민 같은 꽤 열등한 민족들에 대해 말하자면, 그들은 우등한 민족들과 결합하지도 않을 뿐만 아니라 우등한 민족과 접촉한 뒤로 급속도로 사라지고 있다. 현실 속의 경험은 우등한 민족에 맞서고 있는 모든 열등한 민족은 불가피하게 일찍 사라지는 운명을 맞게 된다는 점을 증명하고 있다.

민족들이 융합하면서 다소 단일적인 새로운 민족을 형성하려면 3가지 조건이 필요하다. 첫 번째 조건은 융합해야 할 민족들이 수적으로 서로 지나치게 많은 차이가 나지 않아야 한다는 것이다. 두 번째 조건은 융합할 민족들의 기질이 지나치게 다르지 않아야 한다는 점이다. 세 번째 조건은 이 민

....

17 1921년 영국-아일랜드 조약을 통해 아일랜드의 32개 주 중 남부 26개 주가 아일랜드 자유국으로 독립했으며, 1년 후 아일랜드 내전이 일어났다. 1949년에 영국 연방에서 탈퇴했다.

족들이 오랫동안 똑같은 환경 조건에 노출되어야 한다는 점이다.

앞에 나열한 조건들 중 첫 번째 조건이 가장 중요하다. 다수의 흑인 인구 속으로 들어간 소수의 백인은 몇 세대만 지나면 후손들 사이에 자신의 피의 흔적을 남기지 못하고 완전히 사라져 버린다. 아주 많은 인구를 침공한 정복자들은 모두 그런 식으로 사라졌다. 갈리아 지방의 고대 로마인들과 이집트의 아랍인들이 그랬듯이, 정복자들은 자신의 문명과 예술과 언어를 남길 수 있지만 자신의 피를 물려주지는 못한다.

두 번째 조건도 아주 중요하다. 틀림없이, 서로 매우 다른 민족, 예를 들면 흑인과 백인도 서로 결합은 할 수 있겠지만, 거기서 나오는 혼혈은 매우 열등한 인구를 구성하며 문명을 창조하기는커녕 기존의 문명을 지켜나가지도 못한다. 서로 정반대인 유전 형질들의 영향이 혼혈들의 도덕성과 기질을 죽여버리기 때문이다. 백인 남자들과 흑인들 사이에서 태어난 혼혈들이 어쩌다 우등한 문명을 물려받았을 때, 생 도미니크에서처럼 그 문명은 급속도로 쇠락의 길을 걷는 모습을 보인다. 다른 민족 구성원들 사이의 결합이 우등하고 서로 충분히 연결되어 있는 민족들 사이에, 예를 들어 미국 내의 영국인과 독일인 사이에 일어난다면, 그 결합은 향상의 원천이 될 수 있다. 그러나 결합하는 민족들이 우등한 민족일지라도 서로 너무 많이 다를 때엔 그 결합은 언제나 쇠퇴의 요소가 된다.

두 민족을 결혼으로 결합시키는 것은 그들의 육체적 구조와 정신적 구조를 동시에 변화시킨다는 의미이다. 더욱이, 서로 다른 민족끼리의 결합은 국민의 기질을 근본적으로 확실히 변화시킬 수 있는 유일한 방법이다. 이유는 유전에 맞설 수 있을 만큼 충분히 강한 힘을 지닌 것은 유전뿐이기 때문이다. 서로 다른 민족끼리의 결합은 새로운 육체적 및 심리적 특징을 가질 새로운 민족의 창조를 가능하게 한다.

이런 식으로 창조된 특징들은 처음에 매우 약하고 유동적이다. 그 특징들을 정착시키려면, 오랜 세월에 걸친 유전적 축적이 반드시 필요하다. 서로 다른 민족들 사이에 이뤄지는 혼혈의 첫 번째 효과는 그 민족들의 영혼을 파괴하는 것으로 나타난다. 여기서 말하는 민족의 영혼이란 그 민족의 힘을 이루는 공통의 사상들과 정서들의 집합을 뜻한다. 이 영혼이 없으면 국민이나 고국 같은 것은 절대로 있을 수 없다. 혼혈이 이뤄지는 시기는 민족의 역사에서 결정적으로 중요한 시기이다. 시작과 망설임의 시기인데, 모든 민족은 이 시기를 건너야만 했다. 이유는 다른 민족들의 잔해로 형성되지 않은 유럽 민족이 거의 없기 때문이다. 그것은 내분과 부침이 심하게 일어나는 시기이며, 그 시기는 새로운 심리적 특징들이 확립될 때까지 이어진다.

앞에 언급한 내용은 민족들 간의 혼혈이 새로운 민족의 형성에 근본적인 요소로 고려되어야 함과 동시에 옛 민족들의 해체에 큰 역할을 한 요인으로 여겨져야 한다는 점을 보여주고 있다. 그렇다면 고도의 문명에 이른 민족들이 예외 없이 다른 민족 사람과의 결혼을 신중하게 피하는 것은 충분히 타당하다고 볼 수 있다. 놀랄 만한 그런 엄격한 카스트 제도가 없었더라면, 3,000년 전 쯤 인도를 침공했던 소수의 아리아인은 자신들을 사방에서 둘러싸고 있던, 까무잡잡하게 생긴 거대한 인구 집단에 재빨리 압도당하고 말았을 것이며, 거대한 반도에 문명이 존재하지 못했을 수도 있었다. 만약에 현대의 영국인들이 그와 똑같은 시스템을 따르지 않았더라면, 그래서 만약에 영국인들이 그곳의 주민들과 결혼하는 것에 동의했더라면, 영국인들의 거대한 인도 제국은 오래 전에 영국인들의 손아귀에서 빠져 나갔을 것이다. 민족은 많은 상실을 겪고 수많은 재앙에 압도당해도 그런 시련으로부터 회복할 수 있지만, 영혼을 잃는 순간, 그 민족은 모든 것을 잃고 회복 불가능한 상태에 빠지게 된다.

민족들 간의 혼혈이 내가 방금 말한 그런 역할을, 말하자면 파괴적인 역할과 창조적인 역할을 연속적으로 수행하게 되는 것은 쇠퇴하는 문명이 온순하거나 호전적인 침공자들의 희생자가 되는 때이다. 민족들 간의 혼혈은 옛 문명을 파괴한다. 왜냐하면 혼혈이 옛 문명을 갖고 있는 민족의 영혼을 파괴하기 때문이다. 그런 한편, 민족들 간의 혼혈은 새로운 문명의 창조를 촉진시킨다. 이유는 서로 접촉하고 있는 민족들이 기존에 갖고 있던 심리적 특징들이 파괴되고, 존재의 새로운 조건의 영향으로 인해 새로운 특징들이 형성되기 때문이다.

이 장의 서두에 언급한 요인들 중에서 맨 마지막 요인, 즉 환경의 영향이 효과를 발휘할 수 있는 대상은 형성 중에 있는 민족뿐이며, 그 영향으로 인해 이 민족의 조상들이 지녔던 특징들은 그것과 반대되는 기질에 의해 파괴된다. 이 환경의 영향은 옛날 민족에겐 매우 약했지만 새로운 민족에게는 반대로 아주 강하게 작용한다.

민족들 간의 혼혈은 조상들의 심리적 특징들을 파괴함으로써 일종의 '빈 서판'을 창조하며, 그러면 환경이 몇 세기에 걸쳐 작용하면서 이 서판에다가 인상들을 남기는 데 성공하고, 마침내 새로운 심리적 특징들이 확립될 것이다. 그러고 나면, 새로운 역사적 민족이 형성된다. 그런데 역사적 민족의 탄생은 꼭 이런 과정을 거쳐야만 가능하다. 프랑스 민족이 형성된 것도 그런 식이었다.

　따라서 물리적인 환경이든 도덕적인 환경이든, 환경의 영향은 상황에 따라 매우 크거나 매우 작을 수 있다. 이것이 환경의 작용과 관련해서 서로 모순되는 의견들이 제시되고 있는 이유를 설명해 준다. 방금 우리는 형성 중에 있는 민족에게는 환경의 영향이 매우 크다는 것을 보았다. 그러나 오랜 유전의 작용에 의해서 탄탄하게 확립된 오래된 민족들을 고려한다면, 환경의 영향이 그와 반대로 극히 미미하다는 것이 확인된다.

　도덕적 환경에 대해 말하자면, 동양 민족이 몇 세대에 걸쳐 서양 문명을 접했음에도 불구하고, 서양 문명이 동양 민족들에게 영향을 미치지 못했다는 사실에서 도덕적 환경이 별다른 중요성을 지니지 않는다는 점이 확인된다. 미국 내의 중국 거주자들이 대표적인 사례이다. 물리적 환경의 약한 힘은 적응에 따르는 어려움에 의해 드러난다. 익숙한 환경과 너무 다른 환경으로 옮겨질 경우에, 오래된 민족은 변화에 순응하는 순간에 사라져 버린다. 이것은 인간들과 동물들, 식물들에 똑같이 적용되는 원칙이다.

이집트는 언제나 이집트를 정복했던 다양한 민족들의 무덤이었다. 어떤 민족도 이집트에 적응하지 못했다. 그리스인도, 로마인도, 페르시아인도, 아랍인도, 터키인도 이집트에 자기 민족의 흔적을 조금도 남기지 못했다. 이집트에서 만나는 유일한 유형은 감정을 느끼지 않는 듯한 '펠라'(Fellah)[18]의 유형인데, 이들의 특징은 7,000년 전에 이집트 예술가들이 파라오의 무덤이나 궁전에 새긴 사람들을 빼닮았다.

유럽의 역사적 민족 중 다수는 지금도 형성 중에 있다. 역사적 민족들의 역사를 제대로 이해할 목적이라면, 그 같은 사실을 아는 것이 대단히 중요하다. 현재 거의 완전히 확립된 민족을 나타내고 있는 유일한 유럽인은 영국인이다. 영국인의 경우에 고대 브리튼인과 색슨족, 노르만인이 높은 동질성을 가진 새로운 유형을 만들어냈다. 그와 반대로, 프랑스

....
18 중동과 북아프리카 지역의 농부 및 농업 노동자를 일컫는다.

에서는 프로방스 사람은 브르타뉴 사람과 많이 다르고, 오베르뉴의 거주자는 노르망디의 거주자와 많이 다르다. 평균적인 유형의 프랑스인은 아직 존재하지 않지만, 그럼에도 적어도 일부 지역의 평균적인 유형은 존재한다. 그런데 불행하게도 이 평균적인 유형들이 생각과 기질에서 서로 매우 뚜렷이 구분된다. 따라서 이 유형들 모두에게 똑같이 잘 적용될 수 있는 제도를 고안하기가 어려우며, 그 결과 강력한 집중의 힘에 의해서만 그 유형들을 사상 공동체로 만드는 것이 가능해진다. 프랑스인들 사이에 정서와 믿음이 극히 다양하고, 그로 인해 정치적 격변이 일어나는 것은 대개 정신적 구조의 차이 때문이며, 이 정신적 구조의 차이는 아마 미래에 의해서만 지워질 수 있을 것이다.

다양한 민족들이 서로 접촉하고 있다는 사실을 발견할 때, 그때 전개되고 있는 상황은 언제나 그런 식이다. 당시에 접촉하고 있는 민족들 사이에 차이점이 클수록, 의견 불일치와 내분은 반드시 더 심각해진다. 민족들이 서로 너무 다를 때, 그들이 같은 제도와 법 아래에 살도록 만드는 것은 절대로 가능하지 않다.

다양한 민족들로 구성된 대제국의 역사는 언제나 똑같다.

그런 제국은 대개 창설자와 함께 사라진다. 현대의 민족들 중에서, 영국인과 네덜란드인만이 자신들과 아주 많이 다른 아시아 민족들을 지배하는 데 성공했다. 영국인과 네덜란드인의 성공 비결은 단지 피지배 민족의 태도와 관습, 법을 존중했다는 사실에 있다. 이런 식의 접근은 피지배 민족들이 사실상 스스로 통치하도록 했으며, 영국인과 네덜란드인의 역할은 세금 일부를 챙기고, 교역에 종사하고, 평화를 유지하는 일로 국한시켰다.

이런 드문 예외를 제외한다면, 이질적인 민족으로 구성되었던 대제국은 모두 형성 자체를 힘에 의존했으며 동시에 폭력적으로 사라지는 운명을 맞게 되어 있다. 어느 한 국가가 스스로를 조직하고 오랫동안 이어지기 위해선, 형성 자체가 느리게 진행될 필요가 있다. 약간 다른 민족들이 서로 피를 섞고, 같은 토양에서 살며, 똑같은 환경의 영향을 견뎌내고, 제도와 믿음을 공유하면서 점진적으로 융합한 결과가 국가가 될 수 있어야 한다는 뜻이다. 그렇게 몇 세기가 지나고 나면, 뚜렷이 구분되는 민족들도 매우 동질적인 국민을 형성하게 될 것이다.

세상이 연륜을 더함에 따라, 민족들은 더욱더 안정적이게 되었고, 융합에 의한 변형은 더욱 드물어지고 있다. 인간도 유전의 짐을 더 무겁게 느끼고 있으며, 변형은 더욱 어려워졌다. 유럽에 관한 한, 역사적 민족들이 형성되는 시대가 곧 끝날 것이라고 말할 수 있다.

DÉCLARATION
DES DROITS DE L'HOMME
ET DU CITOYEN.
Décretés par l'Assemblée Nationale dans les séances des 20, 21
23, 24 et 26 août 1789, accepté par le Roi

2부

민족의 심리적 특성은
그 민족의 문명의
다양한 요소에
어떻게 표현되는가

1장
국민의 영혼의 외적 표현으로서 문명의 다양한 요소들

문명을 이루는 다양한 요소들, 즉 언어와 제도, 사상, 믿음, 예술, 문학 등은 그것들을 창조한 사람들의 영혼이 외적으로 표현된 것으로 여겨져야 한다. 그러나 한 국민의 영혼을 외적으로 표현하는 것으로서 이런 요소들이 지니는 중요성은 시대와 민족에 따라 크게 다르다.

현재 소개되고 있는, 예술 작품에 관한 책들을 보면, 예술 작품은 민족의 생각을 충실하게 반영하고 또 민족의 문명을 가장 잘 표현하고 있다는 식의 언급이 포함되지 않은 것이 거의 없다.

틀림없이, 이 말은 종종 진실이다. 그러나 이 원칙은 절대적인 원칙과는 거리가 아주 멀며, 예술의 발달이 국민들의 지적 발달과 언제나 일치하는 것도 절대로 아니다. 예술 작품이 자신들의 영혼을 표현하고 있는 가장 중요한 결실이라고 생각하는 국민들이 있는가 하면, 문명 수준이 아주 높은 국가들 중에도 예술이 대단히 부차적인 역할만을 하는 국가가 있다.

만약에 각 민족의 문명을 평가할 때엔 문명을 이루는 요소들 중에서 오직 한 가지만을 고려해야 한다는 이해를 바탕으로 문명의 역사를 다시 써야 한다면, 선택되는 그 한 가지 요소는 민족에 따라 달라야 한다. 일부 민족들에게는 그 한 가지 요소가 예술이 될 수 있지만, 다른 민족들에게는 그 요소가 제도나 군사 조직, 산업, 상업 등이 될 수 있다. 서로 다른 이 요소가 그 민족에 대한 최선의 지식을 우리에게 안겨줄 것이다.

출발 단계에서부터 이런 관점을 확립하는 것이 중요하다. 왜냐하면 그런 관점에서 볼 경우에 어느 한 문명의 다양한 요소들이 이 민족에서 다른 민족으로 넘어갈 때 매우 다양한 변형을 겪게 되는 과정이 쉽게 이해되기 때문이다.

고대의 민족들 중에서 이집트인과 로마인이 문명의 다양한 요소들의 발달에 나타나는 이런 차이를 아주 잘 보여주는 예들이다. 그 차이는 문명의 요소 하나하나를 구성하고 있는 다양한 하위 영역에서도 두드러지게 나타난다.

　먼저 이집트인부터 보자. 이집트인들의 문학은 언제나 아주 약했으며, 그림은 질이 아주 떨어졌다. 반면에 건축과 조각에서 이집트인들은 걸작을 만들어냈다. 그들의 기념물은 지금도 경탄을 자아낸다. 우리 현대인에게까지 내려온 이집트 조각들, 즉 '필경사'(Scribe)와 '셰이크-엘-벨레드'(Sheik-el-Beled), '라호텝'(Rahotep), '네페르타리'(Nefertari) 등을 비롯한 많은 작품은 지금도 본보기가 될 것이며, 조각 분야에서 이집트인들이 그리스인들에게 추월당한 것은 아주 짧은 기간뿐이었다.

　이집트인들과, 인류 역사에서 한 역할이 너무나 두드러졌던 로마인들을 비교해보자. 로마인들은 교육자도 부족하지 않았고 본보기도 부족하지 않았다. 그들이 이집트인과 그리스인들 뒤에 오기 때문이다. 그럼에도 로마인들은 개인적인 예술을 창조하는 데 성공하지 못했다. 예술적 생산이라는 측면에서 본다면, 로마인들만큼 독창력을 발휘하지 못한 민족도 없다. 로마인들은 예술을 매우 낮게 보았다. 그들은 예술을 거의 실용적인 관점에서만 보았으며, 예술을 단지 금속과 향료, 양념 같은 산물들과 비슷한 일종의 수입 물품으로, 그러니까 외국인들에게 갚아야 하는 빚으로 보았다.

이미 세계의 주인이 된 시대에도 로마인들은 국가적 예술을 전혀 갖고 있지 않았으며, 그 후에 보편적인 평화와 부(富), 사치 욕구가 그들의 허약한 예술적 감각을 다소 발달시켰을 때에도 그들이 본보기 작품과 예술가들을 찾기 위해 눈을 돌렸던 것은 언제나 그리스였다. 로마의 건축과 조각의 역사는 그리스 조각과 건축의 역사에 덧붙여진 부록 수준을 넘어서지 못한다.

한편, 위대한 로마인들은 예술에는 그렇게 열등했지만 문명의 다른 3가지 요소를 최고 수준으로 발달시켰다. 로마인은 세계 제국의 건설을 가능하게 한 군사 제도를 소유했으며, 지금도 현대인에게 본보기 역할을 하는 정치 및 사법 제도를 갖고 있었으며, 마지막으로 몇 세기 동안 서양인에게 영감의 원천이 되었던 문학을 창조했다.

이제 우리는 높은 수준의 문화를 이뤘다는 점에 이의를 제기할 수 없는 두 나라에서 문명의 요소들이 서로 불균등하게

발달한다는 점을 보여주는 놀라운 예를 갖게 되었다. 여기서
이 문명의 요소들 중 어느 하나만, 예를 들어 예술만을 평가
기준으로 삼는 것은 큰 실수가 된다는 점이 확인되고 있다.
이집트인의 경우에 그림을 제외한 예술 전 분야에서 극히 독
창적이고 눈부신 걸작을 창작한 반면에 문학에서는 보통 수
준을 넘어서지 못했다. 로마인들의 경우에는 예술은 보통이
고 독창성의 흔적을 전혀 보여주지 않았지만 문학 분야와 군
사 및 정치 제도에서는 최고 수준을 자랑했다.

그리스인들도 마찬가지로 아주 다양한 분야에서 가장 우
수한 실력을 발휘한 민족들 중 하나로 꼽힘에도 불구하고 문
명의 다양한 요소들이 서로 불균등하게 발달한다는 점을 보
여주는 예로 언급될 수 있다. 호메로스(Homer)[19] 시대에 그
리스인의 문학은 이미 매우 찬란한 수준에 이르렀다. 호메로
스의 시들은 유럽 대학교의 학생들이 늘 가까이하며 익혀야
하는 모범으로 여겨지고 있으니 말이다. 그러나 현대 고고학
의 발굴은 호메로스의 시가 발표되던 그 시기에 그리스의 조
각과 건축은 대단히 야만적이고 이집트인과 아시리아인의
예술을 모방하는 선에서 그쳤다는 점을 보여주었다.
....
19 기원전 8세기경에 활동한 것으로 전해지는 그리스 유랑 시인.

그러나 문명의 다양한 요소들이 매우 불균등하게 발달한다는 점을 가장 극적으로 보여주는 예는 바로 힌두인들이다. 건축에 대해 말하자면, 힌두인을 앞서는 민족은 거의 없다. 철학도 마찬가지이다. 힌두인들의 사색의 깊이는 유럽의 사상계가 최근에 와서야 닿을 수 있었을 만큼 대단히 깊었다. 문학에서도 힌두인들은 그리스인들과 로마인들의 수준에는 이르지 못했어도 놀라운 작품들을 창작했다.

이와 정반대로, 힌두인들의 조각은 평범했으며 그리스인들의 조각에 비하면 한참 뒤떨어졌다. 과학 영역과 역사 지식 분야에서는 힌두인들은 아무것도 보여주지 못했다. 이 분야에서 힌두인들은 정밀성의 부재를 극명히 드러냈다. 어느 민족에서도 그 정도의 정밀성 부재는 확인되지 않는다. 힌두인들의 과학은 어린애 수준의 생각에 불과하고, 그들의 역사는 터무니없는 전설일 뿐이다. 날짜가 맞는 것도 없고, 정확히 기록된 사건도 아마 없을 것이다. 힌두인들의 예에서도 문명의 수준을 평가하는 데 예술만을 기준으로 삼는 것은 절대로 충분하지 않다는 점이 확인되고 있다.

지금까지 말한 내용을 뒷받침하는 예들을 더 많이 제시할 수 있다. 절대적으로 우수한 수준에 한 번도 이르지 못했음에도 불구하고 이미 나온 본보기들과 전혀 아무런 관계를 보이지 않는 그런 독자적인 예술을 창조하는 데 성공한 민족도 있다. 아랍인들이 그런 예이다. 그들은 역사 깊은 그리스-로마 세계를 침공하고 1세기가 되지 않아서 비잔틴 건축을 완전히 새롭게 바꿔놓았다. 그 변화가 얼마나 획기적이었던지, 그 사이에 지어진 일련의 기념물들을 참고하는 것이 불가능한 상황이라면 아랍인들을 고무한 유형들이 어떤 것이었는지를 판단하는 것 자체가 불가능했을 것이다.

게다가, 예술적 또는 문학적 재능을 타고나지 않은 민족도 우수한 문명을 창조할 수 있다. 페니키아인들이 여기에 속한다. 페니키아인이 지녔던 유일한 강점은 교역 기술이었다. 고대 세계의 각 지역을 서로 소통시킴으로써 고대 세계를 문명화시킨 사람들이 바로 페니키아인들이었다. 그렇지만 그들 자체만을 놓고 보면 페니키아인들은 거의 아무것도 생산하지 않았으며, 그들의 문명의 역사는 곧 그들의 교역의 역사이다.

마지막으로, 문명의 요소들이 예술만 제외하고 모두 열등한 상태에 남은 민족도 있다. 몽골인이 이런 부류의 민족이었다. 그들이 힌두교 요소가 거의 없는 양식으로 인도에 세운 기념물들은 너무나 장엄하기 때문에, 유능한 예술가들은 그 기념물들 중 일부의 경우에 인간의 손으로 세워진 건축물 중에서 가장 아름다운 작품에 속한다고 주장한다. 그럼에도 아무도 몽골인에 대해 우등한 민족이라고 생각하지 않는다.

게다가, 문명화가 가장 많이 이뤄진 민족들 중에서도 예술이 최고 수준의 발달을 이룬 것이 언제나 그 민족의 문명이 정점에 달한 때가 아니라는 점에도 주목해야 한다. 이집트인과 힌두인을 보면, 가장 완벽한 기념물은 일반적으로 가장 오래된 것이었다. 반면에 유럽의 경우에는 가장 완벽한 기념물이 반(半)야만의 시대로 여겨지는 중세에 세워진 것들이다. 그때 번창했던 고딕 예술의 경이로운 산물들은 지금도 비교를 거부하면서 우뚝 서 있다.

따라서 한 민족의 수준을 예술의 발달만을 근거로 평가하는 것은 거의 불가능한 일이다. 거듭 강조하지만, 예술은 그 민족의 문명을 이루는 요소들 중 하나에 불과하며 그 탁월성을 입증하는 것도 사실상 불가능하다. 문학의 탁월성이 입증 불가능한 것이나 마찬가지이다.

이와 정반대로, 문명의 정상에 선 국민들 사이에 예술적 산물이 가장 약한 모습을 보이는 때가 있다. 고대의 로마인들과 현재의 미국인들이 그런 예이다. 앞에서 언급한 바와 같이, 국민들이 문학적 및 예술적 걸작을 남긴 것이 반쯤 야만적인 시대인 경우가 자주 있다. 한 민족에게 있어서, 예술이 개성을 이루는 것은 그 민족의 유아기나 청년기에 해당하는 성장이지, 그 민족의 성숙기에 해당하는 성장은 아닌 것처럼 보이기도 한다. 실용적인 측면에 몰두하고 있는 아메리카 대륙의 신세계에서 예술의 역할이 거의 관찰되지 않고 있다는 점을 고려한다면, 예술이 문명의 요소들 중에서 열등한 요소에 속하지는 않는다 하더라도 적어도 부차적인 요소에 포함되는 날이 언젠가 올 것이라는 예측도 가능하다.

예술의 발전이 문명의 다른 요소들의 발전과 보조를 맞추기가 어렵고, 따라서 예술이 문명의 상태를 말해주는 확실한 잣대가 될 수 없는 이유는 많다. 이집트나 그리스 또는 유럽의 다양한 민족들에서, 어떤 일반적인 법칙이, 즉 예술이 어느 수준에 이르자마자, 그러니까 어떤 걸작들이 제작되자마자, 그 즉시 문명의 다른 요소들의 움직임과 완전히 별도로 예술이 쇠퇴하는 시기가 시작된다는 법칙이 관찰된다. 예술의 이런 쇠퇴 단계는 정치 혁명이나 침공, 새로운 신앙의 채택 또는 다른 어떤 요인이 새로운 요소를 예술로 끌어들일 때까지 이어진다. 중세에 십자군이 새로운 지식과 새로운 사상의 원천이 되었던 것도 바로 그런 식이었다. 이때 새로운 지식과 사상은 당시의 예술을 자극했으며, 그 결과 고대 로마 양식에서 고딕 양식으로 변화가 일어났다. 그리고 몇 세기 뒤에, 고대 그리스와 로마 시대에 대한 관심이 부활하면서 고딕 예술이 르네상스 예술로 변화하는 현상이 나타났다. 이 변화의 과정도 그런 식이었다. 인도에서도 이슬람교도의 침공이 힌두 예술에 그와 똑같은 변화를 야기했다.

또 한 가지 중요한 관찰이 있다. 예술이 문명의 요구 중 일부를 일반적인 양식으로 표현하고 어떤 정서에 부응하기 때문에, 예술 자체가 문명의 이런 요구에 따라 변화를 겪는 운명에 처하게 된다는 점이다. 이때 그 예술을 낳은 필요나 정서가 변하거나 사라지면, 예술마저도 완전히 사라지는 운명을 맞을 수 있다. 그러나 그렇다고 해서 그 문명이 쇠퇴의 길로 접어드는 것은 절대로 아니다. 여기서 예술의 발전과 문명의 다른 요소들의 발전 사이에 비슷한 점이 없다는 사실이 한 번 더 확인된다.

인류 역사에서 문명이 지금처럼 높이 발달했던 적은 없었으며, 예술이 지금보다 더 개성 없고 평범했던 시대는 없었다. 문명이 신성한 장소로 신전과 궁전을 두고 있던 시대에 예술을 그 문명의 한 근본적인 요소로 만들었던 종교적 믿음과 사상이나 필요가 사라짐에 따라, 오늘날 예술은 하나의 부속품이 되고 오락의 도구가 되었으며, 예술에 많은 시간이나 돈을 투입하는 것은 이제 불가능한 일이 되었다. 더 이상 필수품으로 여겨지지 않는 예술은 인위적이고 모방적인 방향으로 흐르는 것을 피하지 못한다. 오늘날에는 민족적 예술을 갖고 있는 민족은 더 이상 없으며, 각 민족은 조각에서와 마찬가지로 건축에서도 흘러간 시대의 작품들을 다소 행복한 마음으로 복제하면서 만족하고 있다.

수수한 이 복제품들도 틀림없이 필요 또는 변화를 표현하고 있지만, 그것들이 현대적 사상을 표현하는 것이 불가능한 것은 확실하다. 나는 중세의 예술가들이 남긴 순박한 작품들에 감탄한다. 중세의 예술가들은 그 시대에 근본적으로 중요했던 성인들과 그리스도, 천국과 지옥을 소재로 인간 존재의 주요 관심사들을 다루었다. 그러나 이런 믿음들을 더 이상 품고 있지 않는 화가들이 다른 시대의 기법으로 돌아가려는 시도로 원시적인 전설이나 유치한 상징들로 우리의 벽들을 장식할 때, 그 화가들은 현재에 관심을 주지 않은 채 형편없는 모방 작품을 생산하는 것에 지나지 않으며 미래에 반드시 경멸을 불러일으키게 될 것이다.

유일하게 진정한 예술, 말하자면 한 시대를 표현하는 예술은 예술가가 자신이 느낀 것이나 본 것을 표현한 것이다. 우리가 더 이상 갖지 않게 된 필요나 믿음에 부합하는 형식을 모방하는 것은 진정한 예술이 아니다. 이 시대의 유일하게 정직한 그림은 우리를 둘러싸고 있는 것들을 표현한 그림이다. 유일하게 정직한 건축이 5층짜리 주택이고 고가도로이고 기차역인 것과 똑같다.

이런 실용적인 예술은 우리 문명의 필요와 사상과 부합한다. 실용적인 예술은 우리 시대의 특징이다. 예전에 고딕 교회와 봉건 시대의 성이 그 시대의 특징이었던 것과 마찬가지이다. 미래의 고고학자에게, 현대의 위대한 카라반세라이(caravanserail)[20]와 옛날의 고딕 교회는 똑같이 관심을 끌 것이다. 이유는 그것들이 각 세기가 남긴 '돌의 책들'을 나란히 장식할 것이기 때문이다. 그러나 미래의 고고학자는 현대의 많은 예술가들이 생산하고 있는 모조 작품에는 쓸데없는 문서라면서 경멸의 눈길을 보낼 것이다.

....
20 대상(隊商)이 묵던 숙소. 넓은 안마당을 갖춘 것이 특징이다.

모든 미학 체계는 어느 한 시대와 어느 한 민족의 이상을 표현하고 있으며, 시대와 민족이 다르다는 한 가지 이유 때문에 이상은 끊임없이 변해야 한다. 철학적 관점에서 보면, 이상들은 다소 일시적인 상징들로 이뤄져 있기 때문에 모두 똑같은 가치를 지닌다.

그렇다면 예술도 문명의 모든 요소들과 마찬가지로 그것을 창조한 민족의 영혼이 외적으로 표현된 것이라고 할 수 있다. 그러나 예술이 그 민족의 사상을 아주 정확하게 담아내는 것은 아니라는 점을 인정해야 한다. 이는 모든 민족에게 다 해당되는 말이다.

이를 증명해 보일 필요가 있다. 이유는 어느 민족에게 문명의 어떤 한 요소가 지니는 중요성이 그 민족이 그 요소를 다른 민족으로부터 차용하면서 거기에 가한 변화의 힘으로 측정 가능하기 때문이다. 만약에 그 민족의 개성이 예를 들어 예술에서 특별히 더 두드러지게 나타난다면, 그 민족이 외국 민족으로부터 차용한 양식을 재현한 것에 그 민족의 특성이 아주 뚜렷하게 새겨질 것이 분명하다. 이와 반대로, 그 민족은 민족의 비범한 재능을 드러내는 데 이바지하지 않는 요소들은 아주 조금만 바꿀 것이다. 그리스의 건축 양식을 채택할 당시에, 로마인들은 그리스 양식을 근본적으로 변화시키는 것을 목표로 삼지 않았다. 왜냐하면 로마인들은 자신들의 영혼이 지닌 가장 두드러진 특징들을 기념물에 불어넣지 않았기 때문이다.

그럼에도 불구하고, 로마인 같은 민족의 경우에도, 다시 말해 자기만의 건축 양식을 갖지 않은 데다가 양식과 예술가들까지 외국인에게 의존하지 않을 수 없었던 민족의 경우에도, 예술은 몇 세기의 세월이 흐르는 과정에 환경의 영향을 받게 되고 당연히 그것을 채택한 민족을 표현하게 되어 있다. 고대 로마의 신전과 궁전, 개선문, 얕은 돋을새김은 그리스인들이나 그리스인들의 제자들의 작품이다. 그럼에도 이 기념물들의 성격과 목적, 장식, 심지어 규모까지도 그것들을 보는 사람들에게 아테네 천재들의 섬세하고 시적이었던 명성을 떠올리게 하지 않고 로마의 강력한 영혼에 스며든 힘과 지배, 군사적 열정 등을 떠올리게 한다. 따라서 민족은 개성을 최소한으로 발휘하는 분야에서도 그 민족만의 독창성을, 그리고 그 민족의 정신적 구조의 가장 깊은 곳에 자리 잡고 있는 사상의 일부를 드러내지 않을 수 없다.

이에 대한 설명은 이렇다. 건축가든 시인이든, 진정한 예술가는 자신의 작품에 그 시대와 민족의 혼을 담아내는 마법적 능력을 갖고 있다는 것이다. 예술가들은 인상에 대단히 민감하고, 대단히 무의식적이고, 특별히 이미지로 생각하고, 추론을 별로 하지 않는다. 그런 특성을 보이는 예술가들은 자신이 살고 있는 시대에 자신이 살고 있는 사회를 충실하게 비추고 있는 거울이다.

사라진 어떤 문명을 재현하려 할 때, 의지할 수 있는 가장 정확한 기록은 바로 예술가들의 작품이다. 예술가들은 대단히 무의식적이기 때문에 정직하지 않을 수 없으며, 주위 환경에 인상을 너무나 강하게 받다 보니 자신이 살고 있는 환경 속의 사상과 정서, 욕구, 경향 등을 충실하게 표현하지 않을 수 없다. 예술가들은 자신이 선택하는 것을 창조할 만큼 자유롭지 못하며, 그 같은 사실이 예술가들의 힘으로 작용한다. 예술가들은 전통과 사상, 믿음 등의 그물에 갇혀 있다. 그런데 이 전통과 사상, 믿음들의 총합이 한 민족과 시대의 영혼을 이루고 있지 않은가.

정서와 생각과 영감의 유산은 예술가들에게 아주 막강한 영향력을 행사한다. 왜냐하면 과거로부터 내려오는 정서와 생각과 영감 등이 예술가들의 작품이 다듬어지는, 무의식이라는 흐릿한 영역을 지배하고 있기 때문이다. 예술가들의 작품이 남아 있지 않다면, 그래서 사라져 버린 세기들에 대해 인위적으로 배열하고 모호하게 전달하는 역사 서적의 내용 외에 우리가 달리 참고할 것이 아무것도 없다면, 각 민족의 진정한 과거는 플라톤(Plato)이 물에 잠긴 것으로 전하는 신비의 아틀란티스만큼이나 모호한 수수께끼가 될 것이다.

그렇다면 예술 작품의 근본적인 특징은 그 작품을 낳은 시대의 필요와 사상을 정직하게 표현하고 있다는 점이다. 과거의 이야기를 들려주는 그 많은 언어들 중에서, 예술 작품, 특히 건축 작품이 가장 이해가 쉽다. 책들보다 정직하고, 종교와 언어보다 덜 인위적인 건축물은 그 시대의 정서와 필요를 진솔하게 표현하고 있다. 건축가는 인간들이 거주하는 장소와 신들이 거주하는 장소를 건설하는데, 역사를 이루고 있는 사건들의 최초의 원인이 다듬어진 곳은 언제나 신전의 안이나 주택의 안이었다.

앞에서 말한 내용을 근거로, 우리는 문명을 이루는 다양한 요소들이 그 요소들을 창조한 민족의 영혼을 진정으로 표현하고 있지만, 이 요소들 중 일부는 다른 요소들에 비해 그 민족의 영혼을 더 정확하게 표현하고 있다고 결론을 내릴 수 있다. 그러나 민족의 영혼을 더 정확히 표현하는 요소는 민족에 따라 서로 다르며, 같은 민족의 경우에도 시대에 따라 달라진다.

그러나 이 요소들의 본질이 민족에 따라서, 또 시대에 따라서 달라지기 때문에, 다양한 문명의 수준을 측정할 단 하나의 공통적인 표준을 발견하는 것은 불가능한 일임에 틀림없다. 이 요소들을 중요도에 따라 상하 계급 조직처럼 분류하는 것도 마찬가지로 불가능하다. 이유는 고려되는 요소들의 중요성이 시대에 따라 달라지는 까닭에 분류 자체가 세기에 따라 달라질 것이기 때문이다.

만약에 어느 문명의 다양한 요소들의 가치를 단순히 실용적 관점에서만 판단한다면, 문명의 가장 중요한 요소들은 어느 민족이 다른 민족을 종속시키게 하는 요소, 말하자면 군사 제도가 될 것이 분명하다. 그러나 이 기준이 채택된다면, 예술가들과 철학자, 작가들을 많이 배출한 그리스인들이 무적의 보병을 두었던 로마인들보다 뒤에, 도덕적이고 박식했던 이집트인들이 반야만인이었던 페르시아인보다 뒤에, 또 힌두인들이 역시 반야만인이었던 몽골인보다 뒤에 오는 것이 불가피하다.

역사는 이런 미묘한 구분에는 거의 관심을 두지 않는다. 역사가 언제나 허리를 굽히는 유일한 우월은 군사적 우월이다. 군사적으로 우월하면서 문명의 다른 요소들까지 군사력만큼 우수했거나, 군사적 우월성을 유지하면서 문명의 다른 요소들의 우수성을 오랫동안 지킬 수 있었던 예는 무척 드물다. 불행하게도, 어느 민족의 군사적 우월이 쇠퇴의 길로 접어들면, 그 민족은 반드시 사라지는 운명을 맞는다. 우등한 민족이 문명의 정점에 선 가운데 야만인들 앞에서 역사의 뒤안길로 사라져야 했던 일은 언제나 있어 왔다. 그런 경우에 야만인들은 지능에 관한 한 우등한 민족에 비해 월등히 떨어지지만 기질의 어떤 특징과 호전적인 성향을 갖고 있다. 대단히 세련되었던 문명은 언제나 야만인들의 이런 특징과 성향에 희생되었다.

따라서 사회적 관점에서 가장 중요한 것이 철학적으로 말하면 열등한 요소라는 대단히 슬픈 결론을 내리지 않을 수 없다. 만약 미래의 법칙도 과거의 법칙과 똑같다면, 지나치게 높은 수준의 지성과 문화를 이루는 것은 그 민족에게 아주 해로운 일이라고 말할 수도 있다. 민족은 그 영혼의 토대를 형성하는 기질적 자질들이 쇠퇴하기 시작하자마자 사라지며, 이 자질들은 민족의 문명과 지성이 높은 수준에 닿는 순간에 쇠퇴하기 시작한다.

2장
제도와 종교, 언어는
어떤 식으로 변하는가

　1부에서, 우등한 민족이 열등한 민족에게 자신의 문명을 받아들이라고 강요하는 것이 전적으로 불가능하다는 것이 확인되었다. 유럽인들이 사용할 수 있는 가장 막강한 수단, 즉 교육과 제도, 신앙을 하나씩 고려하면서, 우리는 그 수단들이 열등한 민족의 사회 상태를 변화시키는 수단으로 효력을 전혀 발휘하지 못한다는 점을 증명했다.

　문명의 모든 요소들이 오랜 세월 동안 이어진 유전에 의해 창조된 어떤 정신적 구조와 일치하기 때문에, 그런 요소들을 낳은 정신적 구조를 변화시키지 않고는 그것들을 변화시키는 것은 불가능하다. 어느 민족의 정신적 구조를 변화시키는 임무는 정복자의 능력 밖이며, 오직 수많은 세기의 세월에 의해서만 성취될 수 있다.

고대 그리스와 로마의 문명을 파괴했던 야만인들이 거쳤던 단계들과 비슷한 단계들을 거쳐야만, 한 민족이 문명의 수준에 오를 수 있다는 점도 확인되었다. 만약에 교육이라는 수단을 이용해 어느 민족이 이 단계들을 건너뛰도록 한다면, 그때 행해지는 모든 조치는 그 민족의 도덕성과 지성을 허물어뜨리게 되며, 그렇게 되면 그 민족은 가만 두었을 때보다 더 열등한 수준으로 퇴보할 것이다.

우리가 열등한 민족들에게 적용한 논거는 우등한 민족에게도 똑같이 적용될 수 있다. 만약에 이 책에서 제시한 원리들이 맞는다면, 우등한 민족도 마찬가지로 문명을 갑자기 변화시키지 못한다. 우등한 민족도 똑같이 문명을 변화시키는 데는 시간을 필요로 하고, 연속적인 단계들을 반드시 거쳐야 한다. 우등한 민족들이 간혹 조상들의 것과 다른 믿음과 제도, 언어, 예술을 채택한 것처럼 보일지라도, 그들도 그것들이 자신들의 정신적 구조와 연결될 수 있도록 오랜 세월에 걸쳐 자신들을 서서히, 그리고 깊이 변화시킨 다음에야 그렇게 할 수 있었을 뿐이다.

역사는 페이지마다 방금 제시한 주장과 모순되는 내용을 담고 있는 것처럼 보인다. 역사는 새로운 종교와 언어, 제도를 채택하면서 문명의 요소들을 변화시키고 있는 민족의 예들을 많이 제시하고 있다. 일부 민족들은 몇 세기 동안 지켜오던 신앙을 포기하고 기독교나 불교, 이슬람교로 바꾼다. 또 다른 민족들은 언어를 바꾸고, 또 일부 민족들은 제도와 예술을 근본적으로 변화시킨다. 심지어 그런 변화를 촉발시키는 것이 한 사람의 정복자나 사도처럼 보이기도 하고, 그 변화가 단순한 변덕 때문에 일어나는 것처럼 보이기도 한다.

그러나 역사는 갑자기 일어나는 혁명들에 대해 그런 식으로 설명하면서 습관적인 임무 중 하나를 성취하고 있을 뿐이다. 그 임무란 바로 영원히 오류들을 창조하고 전달하는 일이다. 역사에 성취한 것으로 기록되어 있는 변화들을 면밀히 연구해 보라. 그러면 쉽게 바뀌는 것은 단지 사물들의 이름뿐이고, 그 이름들 뒤에 숨겨져 있는 실체들은 그대로 존재하고 있으면서 오직 아주 느리게만 변화하고 있다는 사실이 금방 확인될 것이다.

이 같은 주장을 증명하기 위해서, 그리고 바뀌지 않은 명

칭 뒤에서 사물들이 어떤 식으로 느리게 진화해 가는지를 보여주기 위해서, 다양한 민족들이 이룬 문명의 요소들을 연구하는 작업이 필요하다. 그것은 곧 그 민족들의 역사를 다시 쓰는 것이다. 나는 이미 몇 권의 책에서 이 힘든 과제를 시도했다. 따라서 내가 여기서 그 연구 과정을 다시 거칠 필요는 없다. 문명을 이루는 다양한 요소들을 고려하지 않고, 나는 그 요소들 중 하나인 예술을 예로 선택할 것이다.

그러나 예술이 이 민족에서 다른 민족으로 넘어가면서 성취한 발전을 별도의 장에서 다루기 전에, 문명의 다른 요소들이 겪은 변화들에 대해 간단히 정리할 것이다. 목적은 문명의 요소들 중 어느 하나에 적용할 수 있는 법칙들은 다른 요소에도 완벽하게 적용될 수 있다는 점을 보여주기 위해서다. 또 만약에 다양한 민족들의 예술이 각 민족의 정신적 구조와 부합한다면, 그들의 언어와 제도, 신앙에 대해서도 똑같이 말할 수 있다는 점을 보여주기 위해서다. 따라서 각 민족의 언어와 제도, 신앙도 갑자기 변하지 못하며 이 민족에서 다른 민족으로 무차별적으로 넘어가지 못한다.

이 이론이 특별히 모순적인 것처럼 보일 수 있는 분야가 바로 종교적 믿음이며, 어느 민족이 문명의 요소들을 갑자기 변화시키는 것이 개인이 키나 눈의 색깔을 바꾸는 것만큼이나 불가능하다는 점을 뒷받침하는 가장 좋은 예가 발견되는 곳도 바로 이 종교적 믿음의 역사이다.

모든 위대한 종교들, 말하자면 브라만교와 불교, 기독교 또는 이슬람교가 전체 민족을 상대로 집단적으로 개종을 야기했다는 사실을 모르는 사람은 없다. 개종이 이런 식으로 일어났기 때문에, 그 민족은 돌연 그 종교를 채택한 것처럼 보였다. 그러나 이 개종을 더욱 면밀히 연구해 보라. 그러면 그 민족이 구체적으로 변화시킨 것은 옛날 종교의 이름이지 종교 자체가 아니었다는 사실이 금방 드러난다. 또 새로 채택된 믿음이 그 전의 믿음과 접촉하는 데 필요한 변형을 거쳤다는 것도 금방 확인된다. 실제로 보면 새로운 믿음은 단순히 옛 믿음의 연속에 지나지 않는다.

신앙이 이 민족에서 다른 민족으로 넘어가면서 겪는 변형은 종종 꽤 광범위하다. 그러다 보니 다른 민족에게 새로 채택된 종교는 바로 그 이름을 갖고 있는 원래의 종교와 겉보기에 아무런 관계가 없는 것처럼 보인다. 가장 좋은 예가 바로 불교이다.

불교는 중국으로 옮겨진 뒤에 너무나 많이 달라졌다. 그래서 식자들도 처음에 중국 불교를 불교와 관계없는 종교로 보았으며 한참 뒤에야 이 종교가 중국인에 의해 변형된 불교라는 것을 알아차리게 되었다. 중국 불교는 어느 면으로도 인도 불교와 비슷하지 않고 네팔 불교와도 매우 다르며, 네팔 불교는 스리랑카 불교와 확연히 다르다. 인도에서 불교는 앞서 있었던 브라만교의 한 종파이며, 불교는 브라만교와 그다지 다르지 않았다. 중국에서도 불교는 그보다 앞서 있었던 믿음들의 한 종파였으며 그 믿음과 밀접히 연결되어 있다.

불교에 적용할 수 있는 엄격한 증거는 브라만교에서도 마찬가지로 통한다. 인도는 너무나 다양한 민족들로 구성되어 있다. 그렇기 때문에 다양한 민족들이 같은 이름으로 극히 다른 종교적 믿음들을 갖고 있었을 것이라고 쉽게 짐작할 수 있다. 의심할 여지없이, 브라만을 믿는 민족들은 모두 비슈누(Vishnou)[21]와 시바(Shiva)[22]를 주요한 신으로 여기고 '베다'를 경전으로 여긴다. 그러나 그 민족들의 종교는 이 근본적인 신들 중에서 이름만 취하고 있으며, 경전들 중에서 텍스트만 취하고 있다. 이런 핵심적이고 공통적인 특징들을 중

....
21 힌두교의 삼대신의 하나로 보존의 신이다.
22 힌두교의 삼대신의 하나로 파괴의 신이다. 다른 한 신은 브라마로 창조의 신이다.

심으로 무수히 많은 숭배들이 생겨났으며, 이 숭배들을 보면 민족에 따라서 믿음이 너무나 다양하다는 것이 확인된다. 일신교, 다신교, 물신 숭배, 범신론, 조상 숭배, 악마 숭배, 동물 숭배 등이 있다. 인도의 종교들을 단지 '베다'에 나오는 내용만을 근거로 판단한다면, 거대한 인도 반도의 신들과 믿음에 대해서는 아무것도 알지 못할 것이다. 경전의 제목은 모든 브라만[23]에 의해 숭배되고 있지만, 그 책들이 가르치고 있는 종교는 일반적으로 아무것도 남아 있지 않다.

이슬람도 일신교의 단순함에도 불구하고 이 법칙에서 예외가 아니다. 페르시아의 이슬람과 아라비아의 이슬람, 인도의 이슬람은 서로 완전히 다르다. 기본적으로 다신론자인 힌두인들은 지구상의 믿음 중에서 가장 일신교적인 종교를 다신론적인 종교로 만들려고 노력했다. 5,000만 명에 이르는 인도의 이슬람교도에게, 마호메트(Mahomet)와 이슬람의 성인들은 수천에 달하는 신들에게 더해지는 새로운 신 그 이상은 아니다. 이슬람교는 모든 인간들의 평등을 내세우면서 다른 곳에서는 성공을 거두었으나 인도에서만은 그 사상을 결코 정착시키지 못했다. 인도의 이슬람 신자들은 다른 힌두

....
23 인도의 계급 중 최고위인 성직자 계급.

인들처럼 카스트 제도를 지키고 있다. 데칸 고원에 사는 드라비다인들 사이에선 이슬람이 너무나 많이 변한 나머지 브라만교와 거의 구별되지 않는다. 정말이지, 그 지역의 이슬람은 마호메트라는 이름과 이 예언자가 신이 되어 숭배되는 모스크만 뺀다면 브라만교와 다를 것이 없다.

이슬람이 이 민족에서 다른 민족으로 넘어가면서 겪은 깊은 변형을 관찰하기 위해 멀리 인도까지 갈 필요도 없다. 프랑스와 깊은 관계가 있는 알제리를 고려하는 것으로도 충분하다. 알제리는 서로 매우 다른 민족들을 포함하고 있다. 아랍인과 베르베르인인데, 이 두 민족은 이슬람을 믿는다. 아랍인의 이슬람은 베르베르인의 이슬람과 거리가 아주 멀다. '코란'의 일부다처가 베르베르인 사이에서 일부일처가 되었다. 베르베르인의 종교는 이슬람과 그 민족이 아득한 옛날에 카르타고인의 지배를 받던 이후로 믿어오던 옛날 종교를 융합한 것에 불과하다.

유럽의 종교들도 신앙은 그것을 채택한 민족의 영혼에 맞춰 변형을 겪게 된다는 공통적인 법칙에서 예외가 되지 못한다. 인도에서처럼, 유럽에서도 텍스트에 의해 확정된 교리들의 글자는 변하지 않은 상태로 그대로 남아 있다. 그러나 이 교리들은 각 민족이 각자 입맛에 따라 그 의미를 해석하는 그런 엉터리 공식 같은 것이 되어 버렸다.

유럽에서 똑같은 교리 아래에서 다양한 종파의 기독교가 발견된다. 우상들을 숭배하는, 브르타뉴의 서쪽 지방에 사는 사람들 같은 진짜 비(非)기독교인도 있고, 부적을 숭배하는 스페인 사람 같은 물신 숭배자도 있고, 매우 다른 신들을 각 마을의 성모 마리아로 숭배하는 이탈리아 사람 같은 다신 숭배자들도 있다. 이 분야의 연구를 더 멀리 끌고 간다면, 종교 개혁이라는 중대한 종교적 분열도 서로 다른 민족들이 똑같은 종교 서적을 해석한 당연한 결과라는 것을 쉽게 보여줄 수 있다. 북쪽의 민족들은 자신들의 믿음을 놓고 토론하고 자신의 삶을 스스로 관리하길 바랐고, 남쪽의 민족들은 독립적인 관점과 철학적인 정신과는 거리가 한참 멀었다. 어떤 예도 이보다 더 설득력있게 들리지 않을 것이다.

그러나 이런 사실들을 놓고 더 깊이 논할 경우에 우리는 금방 우리의 범위를 벗어나게 된다. 여기서 문명의 다른 두 가지 근본적인 요소인 제도와 언어에 대해선 더 간단히 다뤄야 한다. 그렇게 하지 않을 경우에 이 연구의 범위를 완전히 넘어서는 그런 전문적인 세부 사항을 건드려야 하기 때문이다. 신앙에 적용되는 진리는 제도에도 마찬가지로 적용된다. 제도도 변형의 과정을 겪지 않고는 이 민족에서 다른 민족으로 넘어가지 못한다. 여기서 그 예들을 나열하고 싶지는 않다. 그래서 나는 독자들에게 간단히 현대에 들어와서 똑같은 제도가 강제적으로나 설득을 통해서 다른 민족에게 강요될 때 같은 이름을 달고 있을지라도 그 알맹이가 얼마나 많이 다른지를 고려해 볼 것을 권한다. 앞으로 어느 장에서 아메리카의 다양한 지역들과 관련해서 그 같은 사실을 보여줄 것이다.

제도는 사실상 필요의 산물이며, 단 한 세대의 인간들의 의지는 이 필요에 어떠한 영향도 미치지 못한다. 민족마다, 그리고 그 민족의 진화의 각 단계마다, 감정과 사상, 의견, 유전적 영향 등 존재의 조건들이 있으며, 이 조건들은 특정한 어떤 제도를 암시하며 다른 제도들은 암시하지 않는다.

정부가 달고 있는 이름은 그야말로 약간만 중요할 뿐이다. 민족에게 그 민족에게 최선일 것 같은 제도를 선택할 권리는 절대로 주어지지 않았다. 어쩌다 운이 정말 좋아서 어느 민족이 그런 제도를 선택한다 하더라도, 그 민족은 그것을 지켜내지 못할 것이다. 지난 100년 동안에 프랑스인들에게 영향을 받아 일어난 수많은 혁명, 즉 연이은 헌법의 변화들은 이 점에 대해 오래 전에 정치인들 사이에 의견의 일치를 끌어냈어야 했던 어떤 경험을 뒷받침할 뿐이다. 더욱이, 중요한 사회적 변화가 입법에 의해 이뤄질 수 있다는 사상이 지속될 수 있는 곳은 대중의 우둔한 뇌와 일부 광신자들의 편협한 정신뿐이라고 나는 믿는다. 제도가 유일하게 맡는 유익한 역할은 대중의 태도와 여론에 받아들여짐으로써 최종 마무리된 변화에 대해 법적 허가를 내리는 것뿐이다. 제도가 이런 변화들에 의해 다듬어지지, 제도가 변화보다 앞서는 것은 절대로 아니다. 인간들의 기질과 사상은 제도에 의해 바뀌지 않는다. 어느 민족이 종교적인 민족이 되거나 회의적인 민족이 되는 것은 제도 때문이 아니며, 민족이 국가에게 자신들을 묶을 사슬 같은 것을 만들 것을 요구하지 않고 자신의 일을 스스로 잘 처리하도록 배우는 것도 제도 때문이 아니다.

언어의 문제도 제도의 문제보다 더 길게 다루지 않을 것이며, 어떤 언어가 일상적 쓰임에 의해 확립되어 있는 곳에서도 그 언어가 이 민족에서 저 민족으로 넘어갈 때에는 반드시 변화를 겪게 되어 있다는 사실에 관심을 주도록 하는 선에서 끝낼 것이다. 이것은 인류 공통의 언어라는 아이디어 자체를 터무니없게 만들어 버리는 진리이다. 틀림없이, 갈리아 사람들은 수적으로 엄청나게 컸음에도 불구하고 로마의 정복이 있고 나서 2세기도 채 되지 않아 라틴어를 채택해 그 언어를 재빨리 자신들의 필요와 정신적 성향에 고유한 논리에 맞게 바꿨다. 이런 변화의 최종적 산물이 바로 현대 프랑스어이다.

다양한 민족들이 같은 언어를 상당히 오랜 기간 동안 말하는 것은 불가능하다. 정복 가능성과 교역에 따른 이해관계 때문에 어느 민족이 모국어 대신에 다른 언어를 채택할 수는 있지만, 채택된 언어는 몇 세대만 지나면 완전히 바뀌고 말 것이다. 새로운 언어를 채택할 것을 강요하는 민족이 그 언어를 채택할 민족과 다를수록, 그 언어의 변형은 그만큼 더 철저하게 이뤄질 것이다.

다양한 민족들이 함께 사는 나라에서는 거의 언제나 다양한 언어들이 존재한다. 이 점에 있어서는 인도가 아주 좋은 예가 될 수 있다. 거대한 반도에 아주 많은 민족이 살고 있기 때문에, 인도에서 쓰이고 있는 언어가 권위자들에 따르면

240개나 된다는 사실도 결코 놀라운 일이 아니다. 이 언어들 중 일부는 서로 확연히 다르다. 프랑스어와 그리스어의 차이보다 더 심한 예도 있다. 이 240개의 언어 외에 방언이 300개나 된다니! 이 언어들 중에서 가장 널리 퍼져 있는 것은 꽤 현대적 산물이다. 그것이 생겨난 것이 겨우 3세기 정도 밖에 되지 않았으니 말이다. 힌두스탄어가 바로 그 언어다. 이슬람 정복자들이 쓰던 페르시아어와 아랍어, 그리고 침략당한 지역의 주요 언어들 중 하나인 힌두어가 결합되어 만들어진 언어이다. 정복자와 피정복자들은 곧 자신들이 원래 쓰던 언어를 망각했다. 그 언어 대신에, 다양한 민족들 사이의 혼혈에 의해 탄생한 새로운 민족의 필요에 맞는 새로운 언어를 채택한 것이다.

나는 이 문제를 오래 논할 수 없으며, 근본적인 사상들을 암시하는 선에서 끝내야 한다. 서로 다른 민족들이 사는 곳에서, 그 민족들 사이에 서로 일치하는 것으로 여겨지는 단어들은 실은 너무나 다른 사고 유형과 감정 유형을 나타내고 있다. 그렇기 때문에 그 민족들의 언어는 동의어를 전혀 갖고 있지 않으며, 이 언어를 다른 언어로 정확히 번역하는 것은 불가능한 일이다. 이 말이 얼마나 진리인지는 쉽게 이해될 수 있다. 같은 나라에서, 같은 민족 사이에도 똑같은 단어가 몇 세기의 세월이 흐르면 꽤 다른 의미를 지니는 것이 관찰된다.

옛날의 단어들은 과거의 사람들의 생각을 나타낸다. 처음에 생겨날 때 현실 속의 진짜 사물들을 나타내는 기호였던 단어들은 곧 사상과 태도, 관습 등의 변화에 따라 달라진 의미를 갖게 된다. 그래도 세월에 닳은 그 기호에 의지하는 수밖에 없다. 기호를 바꾸는 것 자체가 너무나 어려운 일이기 때문이다. 그러나 그 기호들이 주어진 어느 시점에 나타냈던 것과 현재 의미하는 것 사이에는 일치가 전혀 이뤄지지 않는다. 우리와 거리가 아주 먼 민족들의 경우에, 말하자면 우리 문명과 비슷한 점이 거의 없는 문명을 가진 민족들의 경우에, 번역은 원래의 의미가 완전히 사라진 그런 단어들을 제시하는 꼴이 될 것이다. 말하자면 그 단어들이 예전에 불러일으켰던 생각과 전혀 아무런 관계가 없는 생각을 우리의 마음에 떠올리게 할 것이라는 뜻이다.

이 같은 현상은 인도의 고대 언어의 경우에 특별히 더 두드러진다. 인도인들의 생각은 불명확하고, 인도인의 논리는 유럽인의 논리와 전혀 아무런 관계가 없다. 인도인이 쓰는 단어들의 의미는 유럽의 언어와 달리 명확한 의미를 절대로 갖지 않는다. 번역이 불가능한 책들이 있다. 예를 들면, '베다'가 그런 책이며, 이 경전을 옮기는 작업은 언제나 미완일 수밖에 없다. 우리와 함께 살고 있지만 나이와 성별, 교육적 배경이 다른 개인들의 생각을 파고드는 것도 충분히 힘든 일이다. 그렇기 때문에 몇 세기에 걸친 세월의 켜가 두껍게 쌓여 있는, 민족들의 생각을 파고드는 것은 어떤 학자도 성취하지 못한 과제이다. 모든 지식은 그런 종류의 시도는 전혀 소용이 없다는 점을 보여주고 있다.

앞에 제시한 예들은 단순하고 그리 깊이 파고든 것은 아니지만, 그럼에도 민족들이 문명의 요소들을 차용하면서 그것을 얼마나 깊이 변화시키는지를 알게 하기에는 충분하다. 사실 이름의 변화가 갑자기 일어나기 때문에, 차용한 요소의 중요성이 종종 상당한 것처럼 보이지만, 실제로 보면 이 중요성은 매우 약하다. 몇 세기를 내려오는 과정에, 각 세대들이 자연스럽게 연이어 거기에 새로운 것을 추가함에 따라, 차용된 요소들은 원래의 요소와 완전히 다른 모습을 보이게 된다. 특히 겉모습에 주목하는 역사는 이런 연속적인 변화에는 거의 관심을 두지 않는다. 예를 들어, 역사가 어느 민족이 새로운 종교를 채택했다는 이야기를 들려줄 때, 우리가 당장 떠올리는 것은 그때 정말로 채택된 신앙이 아니라 우리가 오늘날 알고 있는 그 종교이다. 변형들의 기원을 이해하고 단어와 현실 사이의 차이를 탐지하기 위해서, 이런 느린 적응을 아주 면밀히 연구할 필요가 있다.

따라서 문명의 역사는 느린 적응들로, 연속적인 작은 변형들로 구성되어 있다. 만약 연속적인 작은 변형들이 우리에게 갑작스럽고 꽤 큰 것으로 보인다면, 그것은 우리가 지리학에서처럼 중간의 단계들을 무시하고 맨 끝 쪽의 단계들만을 고려하기 때문이다.

어느 민족이 제아무리 지적이고 재능을 많이 타고났다 하더라도, 그 민족이 문명의 새로운 요소를 흡수하는 능력은 사실 언제나 매우 제한적이다. 우리 인간의 뇌 세포는 창조에 수 세기가 걸린 것을, 또 서로 다른 유기체들의 정서와 필요에 따라 다듬어진 것을 하루아침에 동화시키지 못한다. 오직 느리게만 이뤄지는 유전적 축적만이 그런 동화를 가능하게 할 뿐이다. 더 나아가, 고대 민족들 중에서 가장 똑똑했던 민족, 말하자면 그리스인들을 대상으로 예술의 진화를 연구한다면, 아시리아와 이집트의 본보기를 조악하게 베끼던 단계를 벗어나는 데에만 수 세기가 걸렸다는 사실이 확인된다. 오랫동안 연속적인 단계들을 거친 다음에야, 지금도 감탄의 대상이 되고 있는 그런 걸작들이 탄생하게 되었다.

역사 속에서 서로 승계했던 민족들은 이집트인과 칼데아인 같은 몇몇 원시 민족들을 제외하고는 모두 과거의 유산을 이루는 문명의 요소들, 말하자면 민족들이 자신들의 정신적 구조에 따라 변형시킨 요소들을 넘어서까지 통합할 만한 것을 거의 갖고 있지 않았다. 만약에 세계 문명들이 앞선 시대에 다듬어진 자료들을 이용할 수 없었다면, 문명들의 발달은 무한히 더 느렸을 것이고 다양한 민족들의 역사는 언제나 새로운 시작이 되었을 것이다.

이집트와 칼데아의 거주자들이 7,000년 내지 8,000년 전에 창조한 문명은 모든 민족들이 의지할 수 있었던 자료의 창고 역할을 했다. 그리스의 예술은 그 기원을 티그리스 강과 나일 강 주변에서 창조된 예술에서 찾을 수 있다. 그리스 양식은 로마 양식을 낳았고, 로마 양식은 동양의 영향을 받으면서 비잔틴 양식과 로마 양식, 고딕 양식으로 갈라졌다. 고대 로마 양식이 번창한 민족들의 재능과 시대에 따라 이런 다양한 양식으로 나타났지만 그 기원은 똑같다.

예술과 관련해서 지금까지 말한 내용은 문명의 모든 요소들, 말하자면 제도와 언어, 믿음에도 그대로 적용된다. 유럽의 언어들은 아득한 옛날에 아시아의 중앙에 있던 고원에서 쓰이던 언어에서 비롯되었다. 프랑스의 법은 로마법의 파생물이다. 유대인의 종교는 칼데아인의 믿음들에서 직접적으로 나왔다. 유대인의 종교는 아리아인들의 믿음들과 연결되면서 2,000년 동안 서구인들에게 영향력을 행사한 위대한 종교가 되었다.

수 세기에 걸쳐 느리게 이뤄진 노력이 없었다면, 우리의 과학은 절대로 지금의 모습이 아니었을 것이다. 현대 천문학의 위대한 창설자들, 말하자면 코페르니쿠스(Nicolaus Copernicus)와 케플러(Johannes Kepler), 뉴턴(Isaac Newton)은 프톨레마이오스(Claudius Ptolemy)[24]의 직계 후손들이며, 프톨레마이오스의 책들은 15세기까지 영향력을 행사했다. 한편, 프톨레마이오스는 알렉산드리아 학파를 통해서 이집트와 칼데라의 천문학자들과 연결되었다. 이리하여 우리는 역사에 무시무시한 간극이 가득함에도 불구하고 우리의 지식의 느린 진화를 엿볼 수 있게 되었다. 그 덕분에

....
24 고대 그리스의 수학자이자 천문학자, 지리학자(A.D.100?-A.D.168?),

우리는 고대 문명들의 여명까지 시대와 제국들을 연속적으로 더듬으면서 거슬러 올라갈 수 있게 되었고, 현대 과학은 이 고대 문명들과 인간이 아직 역사를 전혀 갖고 있지 않던 원시 시대를 연결시키려고 노력하고 있다. 그러나 그 원천이 같다 하더라도, 각 민족이 차용한 요소를 바탕으로 각자의 정신적 구조에 따라 이룬, 진보적이거나 퇴행적인 변형은 아주 다양하다. 그리고 문명의 역사를 이루는 것은 곧 이 변형들의 역사이다.

한 문명을 이루고 있는 근본적인 요소들은 민족마다 특유하고, 그 요소들은 각 민족의 정신적 구조의 결과이고 표현이며, 따라서 그 요소들은 대단히 깊은 변화를 겪지 않고는 이 민족에서 다른 민족으로 넘어가지 못한다는 사실이 앞에서 확인되었다. 또 이 변화의 범위는 한편으로는 언어적 숙명 때문에, 다른 한편으로는 역사적 숙명 때문에 아주 넓다. 언어적 숙명은 우리로 하여금 매우 다른 것을 나타내는 데 똑같은 단어를 사용하도록 강요하고, 역사적 숙명은 우리가 문명의 극단적인 형태들만을 고려하고 중간의 형태들을 무시하도록 만든다. 다음 장에서 예술 진화의 일반적인 법칙을 연구할 때, 문명의 근본적인 요소들이 이 민족에서 다른 민

족으로 넘어가는 과정에 일어나는 변화들을 더 정밀하게 살
필 것이다.

3장
예술은 어떻게 변하는가

    한 민족의 정신적 구조와 그 민족의 제도와 신앙, 언어 사이의 관계를 조사하면서, 나는 간단히 요약하는 선에서 그쳐야 한다. 그런 주제들을 구체적으로 파고들면 아마 몇 권의 책이 나올 것이다.

    예술의 경우에 다른 요소들에 비해 명확하게 설명하기가 훨씬 더 쉽다. 제도와 신앙은 정의도 의문스럽고 해석도 불명확한 문제이다. 시대마다 변하는 현실을 고대 테스트를 뒤지면서 어렵게 찾아내야 한다. 마지막에 결론에 도달하기 위해선, 정직한 논쟁과 비판에 기대야 한다. 물론 이 결론도 온갖 논의에 열려 있어야 한다. 예술 작품, 특히 기념물은 매우 명확한 대상이며 해석이 쉽다. 기념물, 즉 '돌의 책들'은 책들 중에서 가장 명쾌하며, 거짓말을 하지 않는 유일한 책이다. 내가 연구 활동을 펴면서 동양 문명의 역사와 관련해 기념물을 중요하게 여기는 이유도 바로 거기에 있다. 나는 글로 된 문서들을 언제나 의심의 눈으로 본다. 그런 문서는 종종 기만적이며 정보를 정확히 전하는 경우는 드물다. 그러나 기념물은 아주 드물게 속이며 언제나 정보를 정확히 전한다. 기념물은 사라져 버린 민족의 사상을 간직하고 있는 최고의 수호자이며, 기념물에 새겨진 명문에만 관심을 두는 전문가들은 정신적 맹목에 빠져 있을 수 있다.

이제 예술이 어떤 점에서 한 민족의 정신적 구조를 표현하고 있는지를, 또 예술이 이 문명에서 다른 문명으로 넘어가면서 겪는 변화가 어떤 것인지를 보도록 하자.

이 조사에서 나는 동양의 예술만을 고려할 것이다. 물론, 유럽 예술의 기원과 변화도 똑같은 법칙의 적용을 받는다. 그러나 유럽의 다양한 민족들을 대상으로 예술의 발달을 추적하려면 세부적인 사항을 파고드는 것이 필요한데, 이것은 매우 제한적인 이 연구의 범위를 벗어날 것이다.

먼저 이집트 예술을 보자. 이집트 예술이 성공적으로 옮겨졌던 세 민족, 그러니까 에티오피아의 흑인들과 그리스인, 페르시아인 사이에서 어떤 운명을 맞았는지 보도록 하자.

지구상에서 번성했던 문명들 중에서 예술에 가장 충실하게 반영된 것은 이집트 문명이다. 이집트 문명은 이집트 예술에 너무나 강하고 명확하게 표현되고 있다. 그래서 나일 강 둑에서 꽃을 피웠던 예술 유형들은 다른 민족들에게 채택될 때 반드시 상당히 많은 변화를 겪었다.

이집트 예술, 더 구체적으로 이집트 건축은 이 민족에게만 특유한 어떤 이상(理想)의 산물이었다. 이 이상은 세기가 50번이나 바뀌는 동안 끊임없이 이집트 민족의 최대 관심사였다. 이집트인들의 꿈은 인간을 위해서 인간의 덧없는 존재와 정반대로 불멸의 주거 공간을 창조하는 것이었다. 이집트 민족은 이 측면에서 다른 모든 민족들과 달리 삶을 경멸하고 죽음을 추구했다. 이집트인들의 관심을 끈 것은 다른 것이 아니라 바로 꼼짝 않는 미라였다. 미라는 황금 마스크 속에 박아 넣은 에나멜 눈으로, 음침한 휴식처의 그 깊은 곳에서 신비한 상형문자를 영원히 응시했다. 궁전만큼 거대한 무덤 속에서 온갖 불경스런 것으로부터 보호를 받는 미라는 그림이 그려지고 조각이 새겨진, 끝없는 복도의 벽들과, 지상에서 산 짧은 생애 동안에 그의 관심을 끌었던 온갖 것들에 둘러싸여 있었다.

이집트 건축은 특별히 장례용 건축이고 종교적 건축이며, 대개 미라와 신들을 그 대상으로 잡고 있다. 미라와 신들을 위해 지하를 파서 동굴을 짓고, 오벨리스크와 탑과 피라미드를 세웠으며, 생각에 잠긴 거인들이 돌로 만든 권좌에 아주 장엄하고 조화로운 자세로 기대고 앉아 있도록 했다.

이 건축의 모든 것은 안정적이고 거대하다. 이유는 그것이 영원을 목표로 잡았기 때문이다. 만약에 이집트인들이 우리가 알고 있는 유일한 고대 민족이라면, 예술은 그것을 창조한 민족의 영혼을 가장 충실하게 표현하고 있다는 식으로 말할 수 있을 것이다.

서로 많이 다른 민족들, 다시 말해 열등한 민족인 에티오피아인과 우등한 민족인 그리스인과 페르시아인이 이집트 한 나라로부터, 아니면 이집트와 아시리아 두 나라로부터 예술을 차용했다. 그 예술들이 세 민족의 손에 어떻게 되었는지 보도록 하자.

방금 열등한 민족으로 언급한 에티오피아인부터 보자.

이집트 역사 후반부(24왕조 시대)에 수단의 사람들이 이집트의 혼란과 쇠퇴를 틈타 이집트의 일부 지방을 점령하고 왕국을 세운 것은 알려져 있다. 이 왕국은 나파타와 메로에를 수도로 삼으면서 몇 세기 동안 독립을 지켰다. 피정복민의 문명에 감탄한 에티오피아인들은 이집트인들의 기념물과 그림을 베끼려고 노력했다. 그러나 일부 표본이 전해 오는 이 복제품들은 대부분 매우 서투른 노력에 불과했다. 이 흑인들은 야만인이었으며, 정신 상태가 열등했던 탓에 그들은 야만성을 결코 벗어던지지 못했다. 이집트 문명이 끼친 효과에도 불구하고, 에티오피아인이 결코 야만성에서 벗어나지 못한 것은 사실이다. 고대나 현대의 역사에서 흑인 민족이 어느 수준의 문명에 이른 예는 전혀 없다. 고대에 에티오피아에서 일어났고 현대에 아이티에서 일어난 사건들과 비슷한 사건에 의해 우월한 문명이 흑인 민족의 수중에 떨어질 때마다, 그 문명은 급속도로 열등한 형태로 돌아갔다.

아주 다른 곳에서, 당시에 마찬가지로 야만인이었지만 백인이었던 또 다른 민족, 즉 그리스 민족도 이집트와 아시리아로부터 예술의 모델을 차용했으며 처음에는 조악하게 모방하는 것에서 그쳤다. 이 두 위대한 문명의 예술 작품은 지

중해 해안을 서로 연결시키는 해로의 주인공이었던 페니키아인에 의해, 또 니네베와 바빌론으로 이어지는 육로의 주인공이었던 소아시아의 민족들에 의해 그리스인들에게 소개되었다.

그리스인들이 최종적으로 그 본보기를 얼마나 많이 능가하게 되었는지, 우리 모두는 잘 알고 있다. 그러나 현대 고고학의 발견은 그런 그리스인들도 처음에는 아주 조악한 시도에 그쳤다는 점을, 그리고 그들이 자신들을 불멸의 존재로 만든 걸작들을 창작할 수 있게 되기까지 몇 세기의 세월이 필요했다는 점을 보여주고 있다. 그리스인들은 외국의 예술을 독자적인 탁월한 예술로 바꾸는 어려운 과제에 약 700년의 세월을 바쳤다. 그러나 마지막 세기 동안에 실현된 발전은 그 전 시대 전체 동안에 이룬 것보다 더 두드러진다.

어느 민족이 극복하는 데 가장 큰 어려움을 겪는 것은 문명의 우등한 단계들이 아니라 열등한 단계들이다. 그리스 예술품 중에서 가장 오래된 것들, 다시 말해 미케네에서 발견된 B.C. 12세기에 속하는 것들은 동양의 것들을 서투르게 복사한 것에 지나지 않으며 그 노력은 그야말로 야만적인 수준임을 보여준다. 또 다시 6세기의 세월이 더 흐른 뒤에도 그리스 예술은 여전히 매우 동양적이다. 테네아의 아폴론과 오르코메네스의 아폴론은 이집트 조각과 닮은 점을 보이고 있지만, 이때 발전이 매우 급속도로 이뤄지고 있다. 그리고 1세기 뒤에 페이디아스(Phidias)[25]와 파르테논의 경이로운 조각 작품이 탄생하기에 이르렀다. 말하자면, 동양의 영향에서 탈피한 예술이 되었다는 뜻이다. 이제 그리스의 예술은 그렇게 오랫동안 그리스인들을 고무했던 본보기보다 월등히 더 뛰어나게 되었다.

건축도 그 단계들을 조금 더 어렵게 밟았지만 비슷한 진화의 과정을 거쳤다. 호메로스의 시에 등장하는 궁전들이 어떤 모습인지 우리는 모른다. 그러나 이 시인이 들려주는, 청동 벽들과 찬란한 색깔의 작은 뾰족탑, 금과 은으로 만든 문지기 동물 등에 관한 이야기는 당장 청동 판과 에나멜 벽돌로 장식하고 수소 조각들이 지키는 아시리아 궁전을 떠올리게 한다. 어쨌든, 가장 오래된 그리스 도리아 양식의 기둥들은 B.C. 7세기부터 시작된 것 같은데, 이 양식의 전형은 이집트의 카르나크와 베니 하산에서 만날 수 있으며, 이오니아 기둥의 디테일은 아시리아에서 차용했다. 그러나 이런 외국의

....
25 기원전 5세기의 아테네 조각가.

요소들도 처음에 어느 정도 첨가되었다가 나중에 섞이고 마침내 변화되면서 원래의 모델과 완전히 다른 새로운 기둥을 낳았다.

고대 세계의 또 다른 한쪽 끝에서, 페르시아가 이와 비슷한 적응과 진화의 예를 제시한다. 다만 페르시아의 예는 외국의 침공으로 인해 돌연 중단된 탓에 진화가 마무리되지는 못했다. 페르시아는 그리스와 달리 예술을 창조할 기회를 700년 동안 누리지 못하고 200년 정도 누리는 데서 끝났다. 지금까지 그렇게 짧은 기간에 독자적인 예술을 낳는 데 성공한 민족은 아랍인이 유일하다.

페르시아 문명의 역사는 기독교 시대가 시작하기 다섯 세기 전에 바빌론과 이집트를 차지하는 데 성공한, 키루스(Cyrus)와 그 후계자들이 등장하면서 겨우 시작한다. 이들이 차지할 당시에 바빌론과 이집트는 위대한 문명을 자랑하던 곳으로, 그 영광이 동양 세계를 밝게 비추고 있었다. 그리스인은 훗날 우수성을 떨치게 되지만 아직은 중요하지 않았다. 페르시아 제국이 문명의 중심이었다. 페르시아 제국이 B.C. 3세기에 알렉산드로스(Alexander)에 의해 전복될 때까지 그랬다. 알렉산드로스의 정복이 곧 세계 문명의 중심을 다른 곳으로 옮겨 놓았다.

　페르시아인은 자체 예술이 없었기 때문에 이집트와 바빌론을 차지하게 되었을 때 피정복 국가로부터 예술가와 양식을 차용했다. 페르시아 제국은 겨우 두 세기 동안 이어졌을 뿐이다. 그런 탓에 페르시아인들은 이집트와 바빌론의 예술을 깊이 변화시킬 시간을 충분히 갖지 못했다. 그러나 그들도 알렉산드로스에게 정복당할 당시에 그 예술을 이미 변화시키기 시작했다. 지금도 서 있는 페르세폴리스의 유물은 이 변화의 기원을 알게 해 준다. 의심의 여지없이, 우리는 그 유물에서 이집트와 아시리아 예술의 융합, 아니 중첩을 확인할 뿐만 아니라 그리스적인 요소까지 일부 발견한다. 그러나 새로운 요소들, 특히 두 개의 기둥머리를 가진 페르세폴리스의 높은 기둥들이 그때 이미 존재했으며, 이 같은 사실은 페르시아인이 그보다 더 긴 세월을 누릴 수 있었다면 그리스인들만큼 높지는 않아도 나름대로 독창적인 예술을 창조했을 것이라는 믿음을 뒷받침한다.

　이 같은 주장은 그 후 10번의 세기가 흐른 어느 시대에 건립된 페르시아의 기념물들을 대상으로 한 연구에 의해 타당성이 입증된다. 알렉산드로스에 의해 무너진 아케메네스 왕조의 뒤를 셀류시드 왕조가, 이 왕조의 뒤를 아르사크 왕조가, 마지막으로 사산 왕조가 잇는데, 사산 왕조는 7세기에 아랍인들에게 무너진다. 아랍 정복자들의 도래로, 페르시아는 새로운 건축 양식을 얻는다. 이를 바탕으로 페르시아인들은 기념물을 다시 세울 때 대단히 독창적인 작품을 선보일 수 있었다. 이는 아랍 예술과 아케메네스 왕조의 고대 건축 양식이 결합한 결과이며, 물론, 아케메네스의 고대 양식은 아르사크 왕조의 다소 그리스적인 예술과의 결합을 통해 변화된 상태였다. 당시 건축물의 특징으로는 건물 앞면 꼭대기까지 높이 올라간 출입구, 에나멜 벽돌, 반곡선 아치 등이 꼽힌다. 몽골인들이 인도로 옮겨 그들 나름대로 변화시킨 것이 바로 이 새로운 예술이었다.

앞에 열거한 예들에서, 우리는 한 민족이 다른 민족의 예술에 끼칠 수 있는 변화의 정도도 다른 민족이 어떤 민족이냐에 따라서, 또 그 민족이 변형에 쏟을 수 있는 시간의 길이가 어느 정도이냐에 따라서 달라진다는 것을 확인한다.

열등한 민족인 에티오피아인들의 경우에 예술 발달에 들일 시간이 수 세기나 있었음에도 불구하고, 그들이 차용한 예술은 다시 열등한 형태로 돌아갔다. 이는 이 민족이 불충분한 뇌의 용량을 물려받았기 때문이다. 우수하면서 문화를 발달시킬 시간을 충분히 갖게 된 민족의 경우에, 고대의 예술을 새롭고 매우 탁월한 예술로 완전히 바꿔놓는 것이 확인된다. 또 다른 예, 즉 그리스인들만큼 높지 않았으면서 시간적으로 한계를 지녔던 페르시아인의 경우에는 단지 뛰어난 응용 기술과 변화의 시작만을 보여준다.

그러나 앞에서 열거한 먼 예들 외에, 우리와 보다 가까운 시대의 예들도 있다. 이 문명이 남긴 유물은 지금도 여전히 서 있으며, 그 민족이 차용한 예술에서 이룬 변형의 성취를 고스란히 보여주고 있다. 이 예들은 같은 종교를 믿으면서도 서로 다른 기원을 갖고 있는 민족들이 제시하는 것들이라는 점에서 더욱 대표적이다. 지금 나는 이슬람교도에 대해 언급하고 있다.

아랍인들이 7세기에 구(舊)세계의 상당 부분을 차지하면서 스페인에서부터 아시아의 중앙, 그리고 아프리카 북부까지 포함하는 거대한 제국을 건설했을 때, 그들은 뚜렷이 구분되는 건축 양식, 즉 비잔틴 건축 양식을 목격했다. 처음에 아랍인들은 단순히 스페인과 이집트, 시리아에서 모스크의 건립에 그 양식을 채택했다. 예루살렘의 오마르 모스크와 카이로의 아므르 모스크 등 지금도 여전히 서 있는 기념물들은 이 양식의 채택을 보여주고 있다.

그러나 이 양식은 오래 가지 않았으며 세월이 흐르면서 여러 나라에서 변형을 겪은 것이 확인된다. 우리는 『아랍 문명의 역사』(Histoire de la Civilisation des Arabes)에서 이 변화의 기원을 보여주었다. 이 변화가 아주 두드러지기 때문에, 카이로의 아크르 모스크(742년) 같은 정복 초기의 기념물과 카이트 베이 모스크(1468년) 같은 아랍 시대 말기의 기념물 사이에 비슷한 점이 전혀 발견되지 않는다. 설명과 도표를 통해서, 우리는 이슬람의 지배를 받았던 다양한 국가들, 예를 들어 스페인과 아프리카, 시리아, 페르시아, 인도 등의 기념물들이 서로 너무나 많이 다르기 때문에 그 기념물들을 고딕 기념물과는 달리 같은 이름으로 분류하는 것이 사실상 불가능하다는 점을 보여주었다. 고딕 기념물의 경우에는 그 변형이 아주 많음에도 불구하고 서로 비슷한 점을 분명히 보여주고 있다.

이슬람 국가들의 건축에 나타나는 이런 근본적인 차이는 신앙의 다양성의 결과일 수 없다. 그 국가들의 종교가 같기 때문이다. 그것은 민족적 차이의 결과이다. 민족적 차이가 예술의 진화에 미치는 영향은 그것이 제국의 운명에 미치는 영향만큼이나 깊다.

만약 이 같은 주장이 맞는다면, 우리는 다양한 민족이 살았던 나라에서, 심지어 정치적 지배가 통일성을 이루고 똑같은 믿음을 공유했던 상황에서도 매우 다른 기념물이 발견될 것이라고 기대할 수 있다. 인도에서 관찰되고 있는 것이 바로 그런 현상이다. 이 책에서 제기하는 일반적인 원리들을 뒷받침하는 예들을 발견하기가 가장 쉬운 곳이 인도다. 내가 역사의 책들 중에서 가장 함축적이면서 가장 철학적인 책을 갖고 있는 거대한 인도 반도에 대해 끊임없이 언급하는 이유도 바로 거기에 있다.

오늘날 인도는 단순히 이곳에서 저곳으로 여행만 하는 것으로도 이 시대에서 저 시대로 옮겨가는 것이 가능한 유일한 나라이다. 인간이 보다 높은 단계의 문명에 이르기 위해서 거쳐야 했던 일련의 단계들이 인도에선 지금도 존재하고 있는 것이 확인된다. 모든 형태의 진화가 인도에서 목격된다. 거기엔 석기 시대를 나타내는 것도 있다. 물론, 전기와 증기의 시대를 나타내는 것도 있다. 문명의 기원과 진화를 지배하는 중요한 요소들을 한 눈에 볼 수 있는 곳으로 인도만한 곳은 없다.

내가 오랫동안 그 열쇠를 찾으려고 노력해 왔던 문제, 즉 인도 예술의 기원을 풀려고 시도한 것은 이 책에서 제시하고 있는 원리들을 적용하는 방법을 통해서였다. 이 주제가 거의 알려져 있지 않았고 또 이 주제가 민족들의 심리에 관한 우리의 생각들을 흥미롭게 적용하는 것과 관계있기 때문에, 여기서 그 문제의 가장 근본적인 부분을 요약할 생각이다.

예술에 관해서라면, 인도는 역사에 아주 늦게 등장한다. 아소카의 기둥들이나 칼리와 바르후트, 산치 등의 사원 같은 가장 오래된 기념물도 B.C. 2세기보다 더 위로 올라가지 않는다. 이 기념물들이 세워졌을 때, 고대 세계의 오래된 문명들 대부분, 그러니까 이집트와 페르시아, 아시리아, 심지어 그리스 문명까지도 순환을 끝내고 쇠퇴의 어둠 속으로 들어간 상태였다. 단 하나의 문명, 즉 로마 문명이 다른 문명들을 모두 대체했다. 이제 세상의 주인은 하나였다.

역사의 그림자에서 아주 늦게 빠져나온 인도는 앞선 문명들로부터 많은 것을 차용할 수 있는 위치에 있었다. 그러나 인도가 오랫동안 깊은 고립 상태에서 지낸 것으로 여겨지는 데다가 기념물마저도 앞선 다른 문명의 기념물들과 겉보기에 아무런 관계가 없는 것처럼 보이고 놀라운 독창성을 보임에 따라, 인도가 외국 문화를 차용했다는 가설은 오랫동안 힘을 얻지 못했다.

초기의 인도 기념물들은 그 독창성과 더불어, 세월이 흘러도 뒤처지지 않을 솜씨의 우월성까지 보였다. 완벽할 정도로 수준 높은 작품들은 틀림없이 오랜 기간의 잠정적 노력 끝에 나오게 되어 있다. 그러나 이 문제를 놓고 대단히 정밀한 연구를 실시했음에도 불구하고, 열등한 수준에 속하는 기념물들도 그런 시험적인 노력의 흔적을 전혀 보여주지 않았다.

그러던 중에 인도 반도의 북서부에 위치한 몇몇 지역에서 최근에 조각과 기념물의 파편들이 발견되었다. 이 유물들은 그리스의 영향을 분명히 보여주는 것으로서, 인도 문화재 연구가들로 하여금 인도도 예술을 그리스로부터 차용했다는 가설을 믿도록 만들었다.

앞에서 제시한 원리들을 적용하고, 인도에 지금도 존재하고 있는 기념물들의 대다수를 면밀히 연구한 결과, 우리는 꽤 다른 결론에 이르렀다. 인도는 그리스 문명과 우연적인 접촉을 가졌음에도 불구하고 그리스로부터 예술을 전혀 차용하지 않았으며 그리스로부터 어떠한 예술도 차용할 수 없었다는 것이 우리의 의견이다. 두 민족 사이의 차이가 너무 컸다. 사상도 너무나 달랐고, 예술적 소질도 너무나 맞지 않았다. 그래서 두 민족은 서로에게 영향을 끼칠 수 없었다.

게다가, 인도에 흩어져 있는 고대의 기념물들을 대상으로 한 조사는 인도의 예술과 그리스의 예술 사이에 전혀 아무런 관계가 없다는 점을 보여주고 있다. 유럽의 기념물들이 그리스 예술로부터 차용한 요소들로 가득한 반면에, 인도의 기념물들은 그런 요소를 전혀 보여주지 않는다. 아주 피상적인 연구도 그리스인과 인도인이 서로 극단적으로 다르다는 점을 쉽게 증명하고 있다. 그리스인의 재능과 힌두인의 재능만큼 두드러지게 차이나는 예도 없다. 차이가 나는 정도가 아니라 서로 반대라고 말하고 싶다.

인도의 기념물들과 그것들을 창조한 민족들의 심리에 대한 연구를 더욱 면밀하게, 또 깊이 할 경우에, 이 같은 인식이 전반적으로 더욱 강화된다. 힌두인의 재능이 그들의 사상과 모순을 일으키는 외국의 영향을 받아들이기에는 너무나 개인적이라는 것이 금방 관찰된다. 틀림없이, 그런 외국의 영향을 강제적으로 강요하는 것은 가능하다. 그러나 그런 경우에 그 외국의 영향이 아무리 길게 이어진다 하더라도 대단히 피상적이고 과도적인 상태로 남을 것이다. 마치 인도 사람들의 정신적 구조와 다른 사람들의 정신적 구조 사이에 무서운 어떤 장애가 놓여 있는 것처럼 보인다. 자연이 거대한 인도 반도와 지구의 다른 나라들 사이에 장애물을 놓아둔 것처럼 보이는 것이다.

힌두인의 재능은 아주 특별하다. 따라서 힌두인이 어쩔 수 없이 베껴야 하는 대상은 어떤 것이든 그 즉시 변화를 겪으며 힌두적인 것이 되어 버린다. 차용을 감추기가 아주 어려운 건축에서조차도, 이 이상한 재능, 즉 급속도로 변형시키는 능력은 모습을 재빨리 드러낸다. 틀림없이, 힌두인 건축가가 그리스식 기둥을 모방하도록 하는 것은 가능하다. 그러나 이 힌두인 건축가는 그리스식 기둥을 한눈에도 힌두 양식이라는 것을 알게 만드는 그런 기둥으로 재빨리 변화시키는 작업까지 방해를 받지는 않을 것이다. 오늘날에도 유럽의 영향이 인도에서 아주 강하게 작용하고 있음에도 불구하고 그같은 변화가 일상적으로 관찰된다. 힌두인 예술가에게 유럽의 견본을 주면서 베끼라고 하면, 그 사람은 그 견본의 일반적인 형태를 채택할 것이지만 어떤 부분은 과장하고 장식적인 디테일을 늘리거나 변형시킬 것이다. 그러면 두 번째 내지 세 번째 모방은 서구적인 특징을 모두 버리고 완전히 힌두적인 것으로 돌아갈 것이다.

힌두 건축의 근본적인 특징은 과도한 과장과 무한히 많은 디테일과 복잡성인데, 이것은 그리스 예술의 극단적인 단순성과 정반대이다. 인도의 예술을 연구할 때, 한 민족의 조형 예술 작품들이 종종 그 민족의 정신적 구조와 깊이 연결되고, 그것들을 해석하는 방법을 아는 사람들에게는 가장 명확한 언어가 된다는 점이 특별히 더 두드러진다. 만약 힌두인이 아시리아인처럼 역사에서 완전히 사라졌다 하더라도, 힌두인의 신전들이 남긴 얕은 돋을새김과 조각, 기념물은 우리에게 그들의 과거를 드러내주기에 충분할 것이다. 힌두인의 작품들이 특별히 우리에게 들려줄 이야기는 그리스인들의 명확하고 조직적인 재능이 힌두인들의 과장되고 조직적이지 않은 상상력에 결코 조금의 영향력도 행사할 수 없었다는 것이다. 힌두인의 작품들은 또 우리로 하여금 인도 안에서 그리스의 영향력이 일시적일 수밖에 없었던 이유를, 그 영향도 언제나 강압적으로 강요된 분야에서만 일시적으로 나타났던 이유를 이해하도록 한다.

고고학적 관점에서 인도의 기념물들을 연구하면, 인도와

힌두인의 재능에 대한 일반적인 지식이 드러내는 것을 정확히 자료로 뒷받침할 수 있다. 그런 식의 연구를 통해서 우리는 호기심을 자극하는 어떤 사실을 확립할 수 있었다. 그 사실이란, 몇 차례에 걸쳐서, 특히 기원후 첫 2세기 동안에, 그리스의 영향을 강하게 보인 페르시아 아르사크 왕조와 교류하던 힌두인 통치자들이 그리스 예술을 인도로 끌어들이기를 원했으나 그 예술이 뿌리를 내리도록 하는 데는 결코 성공하지 못했다는 점이다.

그리스로부터 차용한, 전적으로 공식적이었던 이 예술은 힌두인의 사상과 전혀 아무런 관계가 없었으며, 따라서 언제나 그것을 낳은 정치 세력과 함께 사라지는 운명을 맞았다. 더욱이, 이 예술은 힌두인의 재능과 너무나 맞지 않았기 때문에 강압적으로 강요되던 시기에도 힌두 민족의 예술에 영향력을 행사하지 못했다. 그 결과, 그 당시나 훗날의 힌두 기념물에서, 예를 들면, 지하 신전에서, 그리스의 흔적이 전혀 발견되지 않게 되었다. 한편, 너무나 쉽게 식별되는 탓에 보지 않고 그냥 넘길 수 없는 흔적도 있다. 언제나 특징적인 것으로 꼽히는 일반적인 측면 외에, 기술적인 세부 사항이 있는 것이다. 예를 들면, 옷의 주름을 처리한 방식이 있는데, 이

것은 그리스 예술가의 손재주를 금방 드러낸다.

인도에서 그리스 예술의 퇴장은 등장할 때만큼이나 갑작스럽게 일어났다. 그리스 예술이 이처럼 아주 급작스럽게 등장했다가 마찬가지로 급작스럽게 사라졌다는 사실은 그것이 얼마나 철저하게 수입된 예술로 취급되었는지를, 또 그것이 공식적으로 적용되었지만 그것을 강제로 받아들인 민족과 전혀 아무런 관계가 없었다는 점을 잘 보여주고 있다. 한 민족 사이에서 예술은 절대로 그런 식으로 사라지지 않는다. 예술은 스스로를 변화시키고, 새로운 예술은 언제나 앞서 퇴조하는 예술로부터 무엇인가를 차용하게 되어 있다. 그리스 예술은 인도에 갑자기 등장했다가 어떤 영향력도 행사하지 못한 채 갑자기 사라졌다. 지난 2세기 동안에 영국인이 인도에 세운 유럽식 기념물도 똑같은 운명을 맞고 있다.

현재 유럽의 예술이 인도에서 전혀 아무런 영향력을 행사하지 못하고 있는 사실은 열여덟 번의 세기 전에 그리스 예술이 거의 영향을 미치지 못한 것과 비교될 수 있다. 여기서 우리가 미학적 정서들이 서로 양립하지 못하는 예를 확인하고 있다는 점을 부정하지 못한다. 왜냐하면 이슬람 예술은 유럽 예술만큼이나 외국적임에도 불구하고 인도 반도 전역에 걸쳐 모방되어 왔기 때문이다. 심지어 이슬람교도가 지금까지 권력을 한 번도 행사하지 않은 지역에서도 아랍 장식의 흔적을 보이지 않는 사원을 만나기가 오히려 더 어렵다. 틀림없이, 아득히 먼 카니슈카(Kanishka) 왕[26]의 시대 때와 마찬가지로, 우리는 현재의 인도 왕들도 괄리오르(Gwalior)[27]의 왕처럼 외국인들의 힘에 끌려 스스로 고대 그리스 로마 양식으로 유럽식 궁전을 짓는 것을 보고 있지만, 다시 카니슈카의 시대처럼, 토착 예술 위에 덧씌워진 이 공식적 예술은 토착 예술에 영향을 전혀 남기지 못하고 있다.

그렇다면 그리스 예술과 힌두 예술은 오늘날에 유럽 예술과 힌두 예술이 서로 아무런 영향을 미치지 않고 있는 것처럼 예전에 서로 나란히 존재했다고 할 수 있다. 인도의 기념물이라는 이름으로 적절히 불릴 수 있는 것들에 관한 한, 일반적인 측면이건 세부적인 측면이건 그리스 기념물을 닮은 것은 하나도 없다고 해도 무방하다.

그리스 예술이 인도에서 전파력이 이처럼 거의 제로에 가까웠다는 사실은 놀랄 만하다. 그 원인은 두 민족의 영혼이

....
26 A.D. 2세기 쿠샨 왕조의 왕으로 군사적, 정치적, 정신적 성취로 잘 알려져 있다.
27 인도 중부의 옛 주.

서로 양립 불가능하다는 사실로 돌려져야 한다. 인도인이 외국 예술을 동화시키지 못한다는 식의 분석은 가능하지 않다. 왜냐하면 인도가 민족의 정신적 구조와 부합하는 예술들을 동화시켜 변형시킬 수 있다는 점을 완벽하게 보여주었기 때문이다.

우리가 수집할 수 있었던 고고학 자료는 인도가 예술을 끌어낸 원천이 페르시아라는 점을 보여준다. 아르사크 왕조 시대의 약간 그리스화한 페르시아가 아니라, 이집트와 아시리아의 고대 문명을 물려받았던 페르시아 말이다. 알렉산드로스가 B.C. 330년에 아케메네스 왕조를 전복시켰을 때, 페르시아는 2세기 동안 이미 찬란한 문명을 누리고 있었다는 사실은 잘 알려져 있다. 틀림없이, 페르시아아인은 새로운 예술을 발견하지 못했을 것이며, 그들이 물려받은 이집트 예술과 아시리아 예술의 결합이 눈부신 작품을 창조해 냈다. 우리는 지금도 존재하고 있는 페르세폴리스의 유적을 바탕으로 페르시아아인들을 평가할 수 있다. 이 유적은 이집트의 탑문(塔門)과 아시리아의 날개 달린 수소, 그리고 그리스의 일부 요소들을 결합시킴으로써 앞서 존재했던 위대한 문명들의 모든 예술이 아시아의 이 제한적인 지역 안에서 서로 어우러지며 영향을 미쳤다는 사실을 보여주고 있다.

그렇다면 인도는 페르시아로부터 예술을 차용했지만, 실제로 보면 페르시아가 눈길을 돌렸던 원천인 칼데아와 이집트로부터 차용한 셈이다.

인도의 기념물을 대상으로 한 연구는 그 기념물들의 양식이 어느 문화에서 차용한 것인지를 보여주지만, 이 차용을 명확하게 규명하기 위해선 가장 오래된 기념물들을 조사해야 한다. 왜냐하면 힌두인의 재능이 너무나 특이하기 때문에 차용된 요소가 힌두인의 재능에 부합하기 위해서는 매우 심한 변형을 겪어야 했기 때문이다. 그런데 이 변형들이 워낙 급격히 이뤄지기 때문에, 차용했다는 사실이 쉽게 확인되지 않는다.

그리스로부터 아무것도 차용하지 못하는 모습을 보였던 인도가 반대로 페르시아로부터 차용하는 경향을 강하게 보이는 것처럼 비치는 이유는 무엇인가? 분명히 페르시아 예술이 인도인의 정신적 구조에 부합하기 때문이다. 반면에 그리스 예술의 경우에는 그런 부합이 전혀 없었다. 그리스 기념물의 단순한 형태와 장식이 드문 표면은 힌두인의 재능에 호소력을 발휘할 수 없었다. 힌두인의 재능은 정반대로 페르시아 기념물들의 복잡한 형태와 풍부한 장식에 끌렸다.

게다가, 페르시아가 이집트와 아시리아를 대표해서 그 예술로 인도에 영향력을 행사한 것은 기독교 시대보다 앞섰던 그 시대만이 아니었다. 많은 세기가 흐른 뒤에 이슬람교도들이 인도 반도에 나타났을 때, 이슬람 문명은 페르시아를 통과하는 동안에 페르시아의 요소에 강한 영향을 받은 상태였다. 이 이슬람 문명이 실은 아케메네스 왕조에 의해 지속되었던 아시리아의 옛 전통의 흔적을 여전히 갖고 있던 페르시아 예술을 인도에 전파했다. 모스크의 거대한 출입구, 특히 모스크 외벽의 에나멜 벽돌은 칼데아와 아시리아 문명의 흔적이다. 인도는 이런 예술들을 아주 잘 동화시킬 수 있었다. 왜냐하면 그 예술들이 인도 민족의 재능과 일치했기 때문이다. 반면에 과거의 그리스 예술과 현재의 유럽 예술은 인도 민족의 사고 유형이나 감정 유형과 완전히 반대이기 때문에 언제나 인도 민족의 작품에 영향을 행사하지 못했다.

그렇다면 인도와 연결되고 있는 것은 고고학자들이 지금도 여전히 주장하고 있는 바와 달리 그리스가 아니라, 이집트와 아시리아이며, 그 연결은 페르시아를 통해 이뤄지고 있다. 인도는 그리스로부터 아무것도 차용하지 않았으며, 인도와 그리스는 둘 다 똑같이 똑같은 원천으로, 똑같은 보물로, 모든 문명의 토대로, 그러니까 수많은 세기가 흐르는 동안에 이집트와 칼데아의 사람들이 닦은 그 토대로 갔다. 그리스가 이 토대로부터 차용하는 것은 페니키아 사람들과 소아시아 사람들의 중개를 통해서였고, 인도의 차용은 페르시아의 중개로 이뤄졌다. 그리스 문명과 인도 문명은 이런 식으로 공통의 원천으로 거슬러 올라가지만, 이 원천에서 나온 물줄기는 두 나라에서 각 민족의 재능에 따라 아주 다른 방향으로 흘렀다.

그러나 만약에 우리가 주장한 바와 같이 어느 민족의 예술이 그 민족의 정신적 구조와 밀접히 연결된다면, 또 만약에 그런 이유로 서로 다른 민족에게 차용된 똑같은 예술이 당장에 매우 다른 형태를 취한다면, 대단히 다양한 민족들이 거주하는 나라인 인도에는 믿음들의 동일성에도 불구하고 아주 다양한 예술과 아주 다양한 건축 양식이 있을 것이라고 예상하는 것이 타당하다.

인도의 다양한 지역의 기념물들을 대상으로 한 연구는 인도의 예술이 아주 다양하다는 점을 보여주고 있다. 정말로, 기념물들 사이의 차이가 너무나 깊기 때문에, 우리가 기념물을 분류할 수 있는 유일한 기준은 민족에 따라 뚜렷이 구분되는 지역뿐이다. 지역은 기념물을 창조한 민족들이 믿는 종교와는 꽤 별도이다. 인도 북부의 기념물들과 남부의 기념물들은 같은 시기에 비슷한 종교를 가진 사람들에 의해 건축되었을지라도 둘 사이에 비슷한 점은 전혀 없다. 이슬람이 지배하던 동안에도, 말하자면 인도의 정치적 통일이 가장 완전했고 중앙 정부의 영향력이 최고에 달했던 시대에도, 순수한 이슬람 기념물마저도 건립된 지역에 따라 뚜렷한 차이를 보인다. 아메다바드와 라호르, 아그라, 비자푸르의 모스크들은 똑같은 숭배에 봉헌되었음에도 불구하고 르네상스의 기념물과 고딕 시대의 기념물 사이의 연결보다 더 약한 연결을 보이고 있다.

인도에서 민족에 따라 변화하는 것은 건축 양식만이 아니다. 조각도 마찬가지로 지역에 따라 달라진다. 표현하는 대상의 유형에서뿐만 아니라 작품을 처리하는 방법에서도 그랬다. 만약에 산치[28]의 조각들이나 얕은 돋을새김을 이들과 동시대의 작품인 바르후트[29]의 그것들과 비교한다면, 그 차

....
28 인도 중부 마디아프라데시 주 중서부의 사암 구릉 위에 위치한 불교 유적지.
29 마디아프라데시 주 북부의 고대 불교 유적.

이는 아주 두드러진다. 오리사[30] 지방의 조각상이나 얕은 돋을새김과 분델칸드[31]의 그것들과 비교하든가, 아니면 마이소르[32]의 조각과 인도 남부의 탑들에 새겨진 조각을 비교한다면, 그 차이는 더욱더 두드러진다. 민족의 영향은 곳곳에서 분명하게 드러난다. 더욱이, 아주 보잘것없는 예술 작품도 모두가 잘 알고 있듯이 인도에서는 지역에 따라 큰 차이를 보인다. 마이소르의 거장이 나무로 만든 궤와 구자라트 지역에서 인정받는 궤를 구분하는 것은 전문가가 아니어도 할 수 있다. 혹은 오리사 지역의 보석과 봄베이 지방의 보석을 구분하는 것도 마찬가지이다.

틀림없이, 인도의 건축은 동양의 모든 건축처럼 주로 종교적이다. 그러나 종교적 영향이 아무리 크다 하더라도, 특히 동양에서 민족의 영향은 그보다 훨씬 더 크다.

민족의 운명을 이끄는 민족의 영혼은 또한 민족의 믿음과 제도와 예술을 결정한다. 고려되는 문명의 요소가 무엇이든, 민족의 영혼이 작용하고 있는 것이 언제나 지각된다. 민족의

....
30   인도 동부의 주.
31   인도 중부의 지역.
32   인도 남부의 도시.

혼이야말로 다른 모든 힘을 이겨낼 수 있는 유일한 힘이다. 민족의 혼은 수천 세대의 무게를, 그 세대들의 사상의 통합을 나타내고 있다.

DÉCLARATION
DES DROITS DE L'HOMME
ET DU CITOYEN,
Décretés par l'Assemblée Nationale dans les séances des 20.21
23.24 et 26 août 1789, accéptés par le Roi

3부

국민의 기질의 결과로서
국민의 역사

1장

제도가 어떻게
국민의 영혼에서 나오는가

　역사는 그 핵심만을 따지자면 단순히 민족들의 심리적 구조에 의해 생겨난 결과들에 관한 진술로 여겨질 수 있다. 역사는 민족의 심리적 구조에 의해 결정된다. 물고기의 호흡 기관이 물고기의 물속 생활에 의해 결정되는 것과 똑같다. 어느 민족의 정신적 구조에 대한 예비적 지식이 전혀 없는 상태라면, 그 민족의 역사는 우연히 일어난 사건들의 카오스처럼 보인다. 반대로, 그 민족의 영혼에 대해 잘 알고 있으면, 그 민족의 삶은 민족의 심리적 특징들이 정상적으로 작용한 결과로서 불가피한 것처럼 보인다. 어느 민족의 삶이 드러나는 모든 곳에서, 우리는 언제나 그 민족의 불변하는 영혼이 스스로 운명을 짜고 있는 것을 발견한다.

민족의 영혼의 파워가 가장 두드러지게 나타나는 곳은 특히 정치 제도이다. 몇 가지 예를 바탕으로 이 진술을 증명하는 것은 쉬운 일이다.

먼저 프랑스로부터 시작하자. 프랑스는 이 세상에서 가장 깊은 격변을 겪은 나라 중 하나이고, 몇 년 만에 정치 제도가 근본적으로 바뀌고 정당들이 대단히 다양한 것처럼 보이는 나라이다. 만약에 겉보기에 서로 너무나 달라 보이는 이 의견들을, 말하자면 영원히 투쟁을 벌이고 있는 정당들을 심리학적 관점에서 고려한다면, 그것들이 실은 완벽하게 똑같은 공통의 토대를 갖고 있으며, 이 토대는 프랑스 민족의 이상을 정확히 나타내고 있다는 것이 확인된다. 강경파, 급진주의자, 군주제주의자, 사회주의자, 한마디로 말해 대단히 다양한 원리들을 추구하는 모든 투사(鬪士)들은 서로 다른 이름을 내세우고 있음에도 불구하고 완전히 똑같은 목표를 추구하고 있다. 국가에 의한 개인의 흡수, 즉 국가가 개인들을 흡수하는 것이 그 목표인 것이다.

그들 모두가 비슷한 열성으로 갈망하고 있는 것은 옛날의 중앙집권적이고 전제군주적인 통치이다. 국가가 모든 것을 감독하고, 규정하고, 흡수하고, 시민들의 삶의 사소한 세부 사항까지 규제하고, 그리하여 시민들을 최소한의 반성이나 독창력을 발휘할 필요성으로부터 자유롭게 놓여나도록 하는 것이 그들의 목표이다. 국가 수반에 오른 권력자가 왕이라 불리건 황제로 불리건 대통령으로 불리건, 그 호칭은 조금도 중요하지 않다. 이 권력자는 어떤 이름으로 불리든 필연적으로 똑같은 이상을 품을 것이며, 그 이상은 똑같이 그 민족의 영혼의 정서들을 표현할 것이다. 그리고 그 민족은 그 외의 다른 것을 참아내지 못할 것이다.

우리 프랑스인이 가진 극도의 흥분성과 환경에 너무나 쉽게 불만을 터뜨리는 성격, 그리고 새로운 정부가 우리의 운명을 더 행복하게 이끌 것이라는 기대 등이 우리로 하여금 늘 제도를 바꾸는 쪽을 택하도록 하지만, 우리를 이끌고 있는 죽은 자들의 묵직한 목소리는 우리가 단지 말과 외양만을 바꾸고 있다고 비난하고 있다. 프랑스 민족의 영혼이 지닌 무의식적 힘이 너무나 강하기 때문에, 프랑스 사람들은 자신들이 어떤 망상의 희생자라는 것조차 지각하지 못한다.

겉모습만을 고려한다면, 프랑스 혁명에 의해 세워진 체제보다 구체제와 더 많이 다른 것은 없다. 그러나 실제로 보면 그 혁명은 틀림없이 자각하지 못하고 있었을 것임에도 불구하고 앞서 군주제의 시대에 시작한 중앙 집권 작업을 완성함으로써 군주제도의 전통을 지속한 것에 지나지 않았다. 루이(Louis) 13세(1601-1643)[33]와 루이 14세(1638-1715)가 무덤에서 일어나서 그 혁명의 성과에 대해 평가를 내린다면, 두 국왕은 틀림없이 혁명의 실현에 수반된 일부 폭력 행위를 비난할 것이다. 그러나 두 사람은 그 혁명이 자신들의 전통이나 프로그램과 완전히 일치한다고 여기면서 중앙 집권 프로그램의 실행을 맡은 장관도 그보다 더 성공적으로 수행할 수 없었을 것이라는 점을 인정할 것이다.

두 국왕은 프랑스가 경험한 정부 중에서 혁명적인 성격이 가장 약했던 정부가 바로 그 혁명 정부였다고 선언할 것이다. 그들은 더 나아가 프랑스에서 지난 1세기 동안에 이어졌던 다양한 체제들 중 그 어느 것도 중앙 집권 작업에 직접 손을 대려는 시도를 하지 않았다고 지적할 것이다. 그렇다면 중앙 집권은 어떤 규칙적인 진화의 결과이고, 군주 제도의

....
33 1624년에 리슐리외 추기경을 재상으로 등용하여 국가 체제를 정비하고 권력의 중앙 집권화 정책을 시작했다.

이상(理想)의 지속이며, 민족의 특성의 표현이다.

틀림없이, 국왕이었던 이 걸출한 유령들은 자신들의 경험을 근거로 어떤 비판적인 의견을 제시하고, 아마 귀족주의적인 통치 계급을 행정적인 계급으로 대체한 것이 국가 안에 옛날의 귀족보다 더 의문스런 비개인적인 권력을 창조했다는 식으로 말할 것이다. 두 유령이 이 비개인적인 권력을 두고 의심스럽다고 말하는 이유는 이 권력이 정치적 변화에 전혀 아무런 영향을 받지 않는 가운데 전통과 단체 정신을 소유하고 있는 유일한 권력이면서도 책임은 조금도 지지 않고 또 영원하기 때문이다. 이 권력이 필히 유일한 주인이 되도록 할 조건이다. 그러나 두 유령이 이 같은 반대를 크게 강조할 것 같지는 않다. 왜냐하면 그들이 라틴 민족들은 자유에 대해 별로 생각하지 않고 평등에 지대한 관심을 기울인다는 사실을, 그래서 전제 정치도 일반적이기만 하면 별 어려움 없이 참아낸다는 사실을 떠올릴 것이기 때문이다.

아마 두 유령도 현재 너무나 무의미한 생존 행위들에 관한 온갖 의무와 무수한 규제가 매우 전제적이라고 생각할 것이다. 또 두 유령은 국가가 모든 것을 흡수하고, 모든 것을 규정하고, 시민들로부터 모든 주도권을 박탈해 버릴 때, 프랑스인들은 자신들이 새로운 혁명도 없이 자발적으로 사회주의에 완전히 빠져 들었다는 사실을 깨닫게 될 것이라는 점을 알고 있다. 그러나 깊은 생각이 여기쯤 이르렀을 때, 두 유령은 사회주의도 종국적으로 군주제의 사상을 표현한 것에 불과하다는 것을, 그리고 혁명은 단순히 그 표현을 촉진시키는 한 단계라는 것을 깨닫는다.

따라서 우리는 한 국민의 제도에서 이 책 시작 부분에서 언급한 우발적인 상황도 만나고 우리가 파악하려고 시도했던 영원한 법칙도 만난다. 우발적인 상황은 이름과 겉모습을 낳는다. 근본적인 법칙은 국가의 운명을 창조한다. 그런데 이 근본적인 법칙들 중에서도 가장 근본적인 것들은 민족의 기질에서 비롯된다.

프랑스인과 대조적인 예로 영국인을 제시할 수 있다. 영국인의 심리적 구조는 프랑스인의 심리적 구조와 매우 다르다. 단지 이 같은 사실 때문에 영국 민족의 구조는 프랑스 민족의 구조와 근본적으로 다르다.

영국인들이 나라의 수장으로 지금처럼 군주를 두든 아니면 미국처럼 대통령을 두든, 그들의 정부는 언제나 똑같은 근본적인 특징을 보일 것이다. 말하자면, 국가의 행위는 최소한으로 줄이고, 사적인 개인의 행위는 최대한으로 늘릴 것이란 뜻이다.

이런 상태는 라틴계 민족의 이상과 정반대이다. 영국에서 항만과 운하, 철도, 교육 시설 등은 언제나 사적인 개인들의 주도로 창조되고 유지될 것이며, 그런 분야를 국가가 주도하고 나서는 예는 절대로 없을 것이다. 영국엔 혁명도 없고 헌법도 없다. 또 자질을 갖추지 않은 국민에게 자질을 안기거나 자질을 갖춘 국민들로부터 자질을 빼앗을 수 있는 전제 군주도 없다. 한 민족의 제도는 그 민족이 갖춘 기질적 자질들이 엮어내는 산물이다. 국민은 수준에 맞는 정부를 갖게 된다는 말이 있다. 여기서 결코 그렇지 않다고 반론을 제기할 수 있을까?

곧 다른 예들을 통해서 국민은 자신들의 정신적 구조의 영향을 피하지 못한다는 점을 보게 될 것이다. 설령 어느 국민이 정신적 구조의 영향에서 벗어난다 하더라도, 그런 도피가 가능한 기간은 아주 짧을 것이다. 폭우에 뒤집어진 모래가 한 순간만 '끌어당김의 법칙'에 반항하는 것처럼 보이듯이 말이다.

정부와 헌법이 국민의 운명에 대단히 중요하다고 믿는 것은 유치한 망상일 뿐이다. 국민의 운명은 그 국민 안에 있지 외적 상황에 있지 않다. 정부에게 요구할 수 있는 것은 통치를 요청한 국민의 정서와 사상을 제대로 표현해 달라는 것뿐이다. 정부는 단지 존재한다는 한 가지 사실만으로 그 국민의 이미지이다. 그 자체로 절대적으로 선하거나 절대적으로 나쁜 정부나 헌법은 절대로 없다. 다오메이[34]의 왕의 정부는 그 왕에게 통치를 부탁한 국민에겐 아마 탁월한 정부였을 것이며, 아무리 독창적인 유럽 헌법일지라도 다오메이 왕국의 국민에겐 열등한 헌법으로 여겨졌을 것이다. 이 같은 진리는 불행하게도 정부 형태를 수출할 수 있다고 상상하면서 식민지를 본국의 제도로 통치할 수 있다고 믿는 정치인들에게 종종 무시당하고 있다. 그런 기대를 품는 것은 모든 고등 동물이 공기로 숨을 쉰다는 사실을 구실로 내세우며 물고기들에게 공중에서 살아라고 설득시키는 일만큼이나 헛된 짓일 것이다.

정신적 구조가 다양하다는 사실 때문에, 서로 다른 민족들은 동일한 체제 아래에서 오랫동안 함께 살지 못한다. 아일랜드인과 영국인, 슬라브인과 헝가리인, 아랍인과 프랑스인
....
34 17세기부터 1900년대 초까지 오늘날 베냉 지역에 있었던 옛 아프리카 왕국.

은 같은 법률 아래에서 끊임없이 혁명을 치르면서 어려움을 많이 겪는 가운데서 겨우 함께 살고 있다. 다양한 민족들을 다스리는 대제국은 언제나 짧은 기간만 존재할 수 있을 뿐이다. 몽골 제국이 그랬던 것처럼, 또는 인도의 영국인들이 그래 왔던 것처럼, 제국이 꽤 오랫동안 이어질 수 있는 이유는 한편으로 보면 지배를 당하는 곳의 민족들이 너무나 다양해서 서로 경쟁 관계에 있는 탓에 외국인에 맞서 단결을 이루지 못하기 때문이다. 또 다른 이유는 외국인 지배자들이 탁월한 정치적 본능을 발휘하면서 피정복 민족들의 관습을 존중하고 피정복자들이 자신들의 법률 아래에서 살도록 허용했기 때문이다.

민족들의 심리적 구조의 모든 결과를 다 보여주길 원한다면, 아마 여러 권의 책이 쓰여야 할 것이고, 정말로 역사를 아주 새로운 관점에서 완전히 다시 써야 할 것이다. 심리적 구조에 대한 면밀한 연구가 정치와 교육의 바탕이 되어야 한다. 만약에 국민이 자기 민족의 치명적인 운명을 피할 수 있다면, 만약에 이성의 목소리가 죽은 자들의 도도한 목소리에 언제나 지워지지만 않는다면, 이 연구는 많은 실수와 격변을 막아줄 수 있을 것이다.

2장

미합중국과 중남미 국가들의 혁명에 관한 비교 연구에 앞의 원리들을 적용하면

앞에서 간단히 살펴본 내용은 한 민족의 제도는 그 민족의 영혼의 표현이라는 점을, 그리고 민족이 제도의 형태를 바꾸는 것은 쉬울지라도 그 본질을 바꾸는 것은 불가능하다는 점을 보여준다. 이제 아주 단순한 예들을 통해서, 한 국민의 영혼이 그 국민의 운명을 어느 정도 좌우하는지, 그리고 제도가 국민의 운명에서 하는 역할이 얼마나 무의미한지를 볼 계획이다.

이 예들을 찾아서, 나는 똑같이 개화되고 지적이면서 기질에서만 다른 유럽의 두 민족이 서로 약간만 다른 환경에서 살고 있는 대륙으로 갈 것이다. 바로 아메리카 대륙이다. 아메리카 대륙은 지협에 의해 서로 결합된 두 개의 대륙으로 구성되어 있다. 지리적으로 뚜렷이 구분되는 이 대륙들 각각의 면적은 거의 똑같으며, 토양도 전혀 다르지 않다. 이 대륙 중 하나는 영국인들이 점령하여 살게 되었으며, 다른 하나는 스페인 민족이 점령하여 살게 되었다. 아메리카 대륙으로 이주한 두 민족은 공화국이라는 서로 비슷한 제도 아래에서 살고 있다. 남미의 공화국들이 언제나 미국의 제도를 모델로 삼아왔기 때문이다. 따라서 양 대륙의 국민들이 걷는 서로 다른 운명에 대한 설명으로는 민족적 차이밖에 제시할 것이 없다. 민족의 기질 차이가 낳은 결과를 보도록 하자.

먼저, 미국에 정착한 앵글로 색슨 민족의 특징을 짧게 요약할 것이다. 이 민족만큼 동질적인 민족은 아마 지구상에 없을 것이다. 이 민족의 중요한 정신적 구조를 정의하는 것은 아주 쉬운 일이다.

기질의 관점에서 앵글로 색슨 민족의 정신적 구조의 중요한 특징을 보면 이렇다. 의지력이 강하다. 아마 그만한 의지력을 가진 민족은 극히 드물다. 고대 로마인들이 예외적으로 그렇게 강한 것으로 여겨진다. 불굴의 활력이 있다. 매우 진취적이다. 자제력이 절대적이다. 독립심은 비사교적으로 비칠 만큼 강하다. 활동이 대단히 활발하다. 종교적인 감정이 매우 생생하다. 도덕성이 매우 안정적이며, 의무감을 매우 분명하게 느끼고 있다.

지적 관점에서 본다면, 앵글로 색슨 민족에게 특별한 특징을 부여하는 것은 불가능하다. 말하자면, 문명화된 다른 민족에게서 발견되지 않는 특별한 요소를 제시하지 못한다는 뜻이다. 사물들의 실용적인 측면과 긍정적인 측면을 파악하도록 하는 판단의 확실성 같은 것을 제외하고는 특별히 주목할 만한 것이 없다. 이 판단의 확실성은 그것을 가진 사람들이 비현실적인 것에 빠져 길을 잃는 일이 없도록 사전에 예방해 준다. 앵글로 색슨 민족은 사실들을 강하게 선호하고, 통념을 별로 좋아하지 않는 편이다. 정신의 편협 같은 것이 있어서 종교적 믿음의 취약한 측면을 인정하지 않도록 막고 있으며, 따라서 믿음이 토론의 대상이 되지 못한다.

이런 일반적인 특성에다가, 개인이 삶에서 스스로 걸은 길에 대해 품는 철저한 낙관주의를 보태야 한다. 이 같은 낙관주의 때문에 개인은 그보다 더 나은 길을 선택할 수도 있었을 것이라는 생각 따위는 절대로 품지 않는다. 개인은 자기 나라와 가족, 신(神)이 자신에게 요구하고 있는 것이 무엇인지를 언제나 잘 알고 있다. 영국인의 낙관주의는 오늘날 외국적인 것이면 무엇이든 철저히 경멸할 만한 것으로 여기는 지경에까지 이르고 있다.

외국인과 외국인의 관습에 대한 경멸에 있어서는 고대 로마인들이 전성기 때 보였던 것에 비하면 영국이 확실히 더 심하다. 외국인에 대한 경멸이 너무나 심하기 때문에, 외국인에 관한 한 모든 도덕률이 효력을 상실하고 만다. 영국인이 다른 나라 국민을 대하는 태도를 보면 고개를 갸우뚱거리게 만드는 측면이 있다. 영국인에게 행해졌더라면 더없이 강한 분노를 불러일으켰을 행동을 다른 국민에게 해놓고 그 행동에 대해 정당하지 않다고 생각하는 영국 정치인은 한 사람도 없다. 외국인에 대한 이런 경멸은 철학적 관점에서 보면 틀림없이 매우 열등한 감정이지만, 한 국민의 번영이라는 관점에서 보면 대단히 유익한 감정이다. 잘 알려진 영국 장군 월슬리 경(Lord Wolseley)은 그것이 영국의 힘을 이루는 감정 중 하나라고 말했는데, 꽤 맞는 말이다. 영국인들은 해협 밑으로 터널을 건설하는 것을 허용하길 거부하면서, 그 이유에 대해 자국을 외국 영향력의 침투로부터 막으려면 중국인들만큼 어려움을 겪게 될 것이기 때문이라고 설명한다. 물론 터널은 대륙과의 소통을 수월하게 하겠지만, 그 말 자체만을 놓고 볼 때에는 일리가 있는 말이다.

앞에서 나열한 모든 특징들은 영국 내의 다양한 사회 계층에서 목격된다. 영국 문명의 요소들 중에서 이런 특징의 흔적이 남아 있지 않은 요소를 찾는 것은 불가능하다. 잉글랜드를 방문하는 외국인은 며칠만 머물러도 당장 그런 사실에 강한 인상을 받는다. 외국인은 아주 소박한 근로자의 통나무 오두막에서도 독립적인 삶에 대한 욕구를 읽을 수 있다. 그런 오두막이라면 틀림없이 좁은 주거 공간일 것이지만, 그 안에서 세대주는 어떠한 제약도 받지 않고 이웃으로부터 분리된 채 지낸다. 붐비는 기차역 안에서도 사람들이 하루 종일 자유롭게 들락거린다. 역 직원이 사람들을 순한 양들의 무리로 여기면서 울타리 뒤쪽으로 가두려는 모습도 전혀 보이지 않는다. 사람들이 밟히거나 치이지 않을 만큼 주의를 기울이지 못하는 까닭에 그들의 안전을 강제로 보장해주려 하는 조치도 전혀 없다.

외국인은 노동자의 근면성에서 영국 민족의 에너지를 확인할 것이다. 아니면 꽤 어릴 때부터 스스로 노력하면서 다른 사람들의 도움 없이 자기 자신을 돌보는 것을 배우는 학생의 근면성에서도 그런 에너지를 확인할 것이다. 그런 분위기에서 자란 개인은 자신이 살아가는 내내 자신의 운명을 걱정해 줄 사람은 아무도 없다는 사실을 잘 알게 된다.

학교 선생들에게서도 영국 민족의 에너지가 느껴진다. 영국의 교사들은 지식 축적에 대해서는 상대적으로 중요하게 여기지 않고 기질 형성에 엄청난 중요성을 부여하고 있다. 영국 교사들은 기질이 세상을 움직이는 가장 위대한 원동력 중 하나라고 믿고 있다.

영국 시민의 공공 생활을 조사하는 외국인은 저수지를 개량하는 일이든 항만이나 철도를 건설하는 일이든 언제나 국가가 아니라 민간이 주도한다는 것을 알게 될 것이다. 이 외국인은 그런 조사 작업을 벌이는 과정에 곧 영국 민족은 외국인들의 눈에 가장 꼴사나운 민족으로 비치게 만드는 단점에도 불구하고 유일하게 진정으로 자유로운 민족이라는 것을 알게 될 것이다. 영국 민족을 두고 진정으로 자유롭다고 말하는 이유는 스스로 통치하는 방법을 배운 덕분에 정부에 최소한의 행위만을 넘길 수 있는 유일한 민족이기 때문이다. 영국 민족의 역사를 공부하면, 온갖 종류의 지배로부터,

왕들의 지배뿐만 아니라 교회의 지배로부터 스스로를 해방시킨 최초의 민족이 영국인이라는 사실이 드러난다. 일찍이 15세기에 법률학자 존 포테스큐(John Fortescue)는 라틴 민족들의 유산인 로마법과 영국법을 이런 식으로 대비시켰다. "로마법은 절대 주권자의 작품이고 개인을 희생시키는 경향이 강한 반면에, 영국법은 공동체의 의지의 작품이고 언제나 개인을 보호할 준비가 되어 있다."

영국인 같은 민족은 지구상의 어느 곳을 가든 당장 유리한 입장에 서며 막강한 제국을 건설할 것이다. 만약에 영국 민족의 침공을 당한 민족이 아메리카 인디언의 예처럼 충분히 약하고 활용성이 없다면, 그 민족은 점진적으로 사라지고 말 것이다. 만약에 침공당한 민족이 인도의 인구처럼 수적으로 너무 많아서 파괴될 수 없고 게다가 생산적인 작업을 할 수 있다면, 그 민족은 매우 압제적인 예속의 상태로 전락하고 주인의 이익만을 위해 노동하게 될 것이다.

그러나 영국인의 정신적 구조 때문에 일어날 수 있는 놀라운 발전을 연구하는 작업은 더욱 구체적으로 아메리카 같은 새로운 나라에서 이뤄져야 한다. 미개인만 조금 사는, 개척되지 않은 지역으로 옮겨진 영국인의 정신적 구조가 일군 결실은 가히 놀랄 만하다. 영국인들이 그 지역을 세계의 강국들 반열로 끌어올리는 데는 1세기도 채 걸리지 않았다. 오늘날 미국과 대적할 만한 강대국은 거의 없다. 위대한 이 공화국의 시민들이 발휘한 독창력과 활력의 총량을 직접 평가하기를 원하는 사람들에게 나는 폴 루이지에(Paul de Rouisiers)와 폴 부르제(Paul Bourget)의 책들을 읽을 것을 권한다. 스스로를 통치하고, 위대한 활동을 펴기 위해 서로 연합하고, 도시와 학교, 항만, 철도 등을 건설하려고 애를 쓰는 미국인들의 태도는 극에 달하고, 국가의 행위는 최소한으로 축소되었다. 그래서 미국의 경우에 공적 권한 같은 것은 전혀 존재하지 않는다는 표현도 가능하다. 경찰 의무를 수행하고 외교적 활동을 벌이는 외에, 공적 권한이 이바지할 수 있는 목표를 찾기가 대단히 어렵다.

게다가, 개인이 내가 조금 전에 묘사한 그런 기질적 자질들을 지니지 않은 상태에서 미국에서 번영을 누리는 것은 불가능하다. 이것이 외국 이민자들이 영국인의 정신의 일반적인 경향을 변화시키지 못하는 이유이다. 존재의 조건 때문에, 이런 자질들을 갖추지 못한 개인들은 빨리 사라지는 운명을 맞지 않을 수 없다. 오직 앵글로 색슨족만이 독립과 에

너지가 넘치는 이런 분위기에서 살아갈 수 있다. 이탈리아인은 굶어 죽고, 아일랜드 사람과 흑인은 매우 초라한 상태에서 살아간다.

미국이라는 위대한 공화국은 틀림없이 자유의 땅이다. 분명히, 미국은 진보의 법칙이 인정하지 않는 라틴계의 두 괴물인 평등과 형제애의 땅은 절대로 아니다. 이 지구상에서 자연 도태의 차가운 손이 미국보다 더 거칠게 느껴지는 나라도 따로 없다. 미국은 무자비하다. 그러나 자연 도태가 형성시킨 민족이 그 힘과 활력을 지키는 것은 바로 동정을 무시하기 때문이다. 미국이라는 토양에는 약한 사람이나 평범한 사람, 무능한 사람이 들어설 공간이 전혀 없다. 그런 사람들이 열등하다는 단순한 사실 때문에, 개별적인 개인들이나 전체 민족이 사라지는 운명을 맞기도 한다. 북미 대륙의 인디언들은 쓸모가 없다는 이유로 총을 맞거나 굶어 죽는 저주를 받는다. 노동을 놓고 경쟁을 벌이고 있는 중국인들도 곧 그와 비슷한 운명을 맞을 것이다. 중국인들을 모두 추방하자는 내용의 법은 거기에 수반될 엄청난 비용 때문에 실행되지 않았다. 그 법을 집행하지 않아도 곧 그와 똑같은 효과가 나타날 것이다. 이미 일부 광산 지역에서 시작되었는데, 중국인들이 점진적으로 파괴될 것이라는 뜻이다.

다른 법들도 최근에 통과되었다. 구호대상자가 될 이민자들이 미국 영토를 밟는 것을 금지하는 법들이다. 남북 전쟁, 즉 노예를 소유한 주들과 노예를 소유할 수 없는 까닭에 다른 주들도 노예를 소유하지 못하도록 하기를 원하는 주들 사이에 벌어진 전쟁의 구실이 된 흑인에 대해 말하자면, 그들은 미국 시민들이 받아들이기를 원하지 않는 종속적인 지위를 채우고 있기 때문에 묵인되고 있다. 이론적으로 말하면 흑인들은 권리를 갖지만, 실제로 보면 위험해지는 순간에 제거할 수 있는, 반(半)동물처럼 다뤄지고 있다.

사형(私刑)의 약식 절차는 흑인들을 대상으로 한 것으로 널리 인식되고 있다. 흑인들은 범죄 유형을 막론하고 처음 죄를 짓는 때에 총에 맞아 죽거나 교수형에 처해질 수 있다. 이런 처형의 일부만을 대상으로 한 통계에 따르면, 지난 7년 동안에 사형(私刑)으로 죽은 흑인만 1,000명 이상이다.

이런 것들은 분명히 그 그림의 어두운 측면이다. 그럼에도 그 그림은 칭송할 만큼 충분히 아름답다. 유럽 대륙과 미국의 차이를 한마디로 정의한다면, 유럽 대륙은 개인의 주도권을 대체하고 있는 공식적인 규제를 통해 끌어낼 수 있는 것들의 최대치를 나타내고, 미국은 모든 공식적 규제로부터 완전히 자유로운 개인적 독창력을 통해 얻을 수 있는 것의 최대치를 나타낸다. 이런 근본적인 차이는 전적으로 기질의 결과이다. 유럽의 사회주의가 거친 미국의 토양에 뿌리를 내릴 기회는 거의 없다. 국가 전제 정치의 종국적 표현인 유럽의 사회주의는 몇 세기 동안 자치 능력을 완전히 빼앗겨 버린 오래된 민족들 사이에서만 번창할 수 있다.

지금까지, 아메리카의 한 부분에서 인내와 활력, 의지력 등이 중요한 특징으로 꼽히는 그런 정신적 기질을 가진 민족이 성취한 것들을 보았다. 이제 다른 민족의 손에 운영된 비슷한 지역이 어떻게 되었는지 볼 차례이다. 이 민족은 대단히 지적임에도 불구하고 이제 방금 열거한 그런 기질적 자질들을 전혀 갖추고 있지 않다.

자연의 산물이라는 측면에서 보면, 남아메리카는 지구상에서 가장 부유한 나라에 속한다. 유럽 면적의 두 배에 이르면서 주민 수는 유럽의 10분의 1밖에 되지 않는다. 말하자면, 누구나 마음만 먹으면 땅은 전혀 부족하지 않다는 뜻이다. 스페인 태생이 주를 이루는 남미의 인구는 아르헨티나와 브라질, 칠레, 페루 등 여러 공화국으로 나뉘어져 있다. 이 공화국들은 모두 미국의 정치적 헌법을 채택했으며, 따라서 미국과 동일한 법 아래에서 살고 있다. 그럼에도 민족이 다르고 미국 국민들이 가진 근본적인 자질들을 갖추지 않았다는 단순한 사실 때문에, 이 공화국들은 단 한 나라의 예외도 없이 영원히 지독한 무질서의 희생이 되고 있다. 또 이 나라들은 토양이 놀랄 만큼 비옥함에도 불구하고 온갖 종류의 정치적, 경제적 재앙에, 파산과 독재에 시달리고 있다.

이들 남미 국가들의 쇠퇴가 어느 정도 깊은지를 이해하려면, 테오도르 차일드(Theodore Child)가 이 주제로 쓴 객관적인 책을 읽어야 한다. 이 쇠퇴의 원인들은 전적으로 활력이나 의지력, 도덕성을 전혀 갖추지 않은 민족의 정신적 기질에 있다. 특히 도덕성의 부재는 유럽에서 최악으로 알려진 수준을 능가한다. 가장 중요한 도시 중 하나인 부에노스아이레스를 예로 들면서, 차일드는 섬세한 양심 또는 도덕성을 갖춘 사람이라면 거기서 사는 것이 불가능하다고 말한다. 남미의 공화국들 중에서 그래도 쇠퇴 정도가 가장 덜한 공화국에 속하는 아르헨티나에 대해 언급하면서, 저자는 이렇게 적고 있다. "상업적인 관점에서 이 공화국을 연구하는 사람은 온갖 측면에서 만나게 되는 뻔뻔한 도덕성 앞에서 할말을 잃고 말 것이다."

　제도에 대해 말하자면, 제도는 철저히 민족의 산물이라는 사실을, 그리고 이 민족의 제도를 다른 민족에게 옮겨 심는 것은 불가능하다는 사실을 남미의 이 공화국들보다 더 잘 보여주는 예는 없다. 매우 자유로운 미국의 제도가 열등한 민족들에게 소개된 뒤에 거기서 어떤 일이 벌어지는지를 아는 것은 매우 흥미로운 일이었다. 차일드는 남미의 다양한 공화국들에 대해 이런 정보를 전하고 있다. "이 국가들은 러시아의 차르의 독재보다 결코 덜하지 않은 독재 권력을 행사하는 대통령의 매질에 신음하고 있다. 정말이지, 이 공화국들의 대통령의 권력은 차르보다 더 절대적이다. 이 공화국들의 대통령에겐 유럽에서 날아오는 비난의 화살을 두려할 이유가 전혀 없기 때문이다. 정부 공무원들은 오직 공무원 계층에서만 나온다. … … 시민들은 자신의 선택에 따라 투표하지만, 그 표결에 전혀 아무런 중요성이 부여되지 않는다. 아르헨티나 공화국은 이름만 공화국일 뿐이다. 실제로 보면 정치를 상업에 이용하는 사람들의 수중에 놀아나고 있는 과두정치이다.

　오직 한 나라, 즉 브라질만이 어느 정도 이런 쇠퇴를 피할 수 있었다. 그것은 중앙의 권력이 개인적 경쟁의 목표가 되지 않도록 막아 준, 군주제 비슷한 체제 덕분이었다. 활력과 의지가 없는 민족들에게 지나치게 자유로웠던 이 헌법은 결국 사라지는 운명을 맞았다. 그 결과, 나라가 완전히 무정부 상태에 빠졌다. 몇 년의 세월이 흐르는 동안에, 권력을 잡은 사람들이 국가 재정을 거덜내는 바람에 세금을 60%나 인상해야 했다.

당연히, 남아메리카에 정착한 라틴계 민족의 쇠퇴는 정치에서만 두드러진 것이 아니었다. 문명의 다른 요소들에도 마찬가지로 쇠퇴 현상이 나타났다. 이 불행한 공화주의자들은 가만 내버려두면 아마 순수 야만 상태로 돌아갈 것이다. 그들의 산업과 상업은 모두 영국인과 미국인, 독일인 등 외국인들의 수중에 있다. 발파라이소[35]는 영국 도시가 되었으며, 만약에 외국의 요소가 사라진다면 칠레에는 아무것도 남지 않을 것이다. 이 국가들이 지금도 외적으로 문명의 광택을 유지하고 있는 것은 다 외국인들 덕분이다. 이 광택이 유럽을 속이고 있다. 아르헨티나 공화국엔 스페인 출신의 백인이 400만 명 정도 되는 것으로 짐작된다. 이 나라에 외국인을

....
35 칠레의 수도 산티아고 인근의 항구 도시.

제외한다면 중요한 산업의 최고 지도자로 언급될 백인이 한 사람이라도 있을 것인지, 나는 자신 있게 말하지 못한다.

라틴 민족의 이런 끔찍한 쇠퇴는 가까운 곳의 영국 민족이 이룬 번영과 비교하면 대단히 음울하고 슬픈 동시에 많은 가르침을 주는 경험이며, 이 경험은 내가 제시한 심리 법칙들을 뒷받침하는 증거가 될 수 있다.

3장

국민의 영혼의 변화가 그 국민의 역사적 진화에 어떻게 영향을 미치는가

앞에서 제시한 예들은 어느 한 국민의 역사는 그 국민의 제도에 좌우되는 것이 아니라 그 국민의 기질, 말하자면 그 국민의 자질에 좌우된다는 점을 분명히 보여주고 있다. 더 나아가, 역사적 민족들의 형성을 연구하면서, 우리는 그 민족들의 해체가 혼혈의 결과라는 점을, 그리고 통일성과 힘을 간직한 민족들, 예를 들면 과거의 인도의 아리아인과 다양한 식민지들에 거주하는 현대의 영국인은 언제나 외국인과의 결혼을 신중하게 피했던 민족이라는 점을 보았다. 국민 사이에 소수일지라도 외국인들이 존재한다는 사실 자체만으로도 그 국민의 영혼에 영향을 미치기에 충분하다. 이유는 그 같은 사실이 그 국민으로 하여금 민족의 특징과 역사적 기념물, 조상들의 성취를 방어할 능력을 상실하도록 만들기 때문이다.

이런 결론은 앞에서 논한 내용에서 저절로 나온다. 만약에 문명의 다양한 요소들을 그 민족의 영혼이 외적으로 표현된 것으로 본다면, 민족의 영혼이 바뀌자마자 문명도 당연히 변하게 되어 있다.

과거의 역사도 현실 속에서 실제로 일어나고 있는 것이 그렇다는 점을 확실히 뒷받침하는 증거를 많이 제공하고 있으며, 미래의 역사도 그것을 뒷받침할 다른 증거들을 많이 제공할 것이다.

그런 증거 중에서 가장 두드러진 예는 고대 로마 문명이 점진적으로 변화해 간 사실이다. 역사학자들은 로마 문명의 점진적 변화에 대해 대체로 바바리안들(로마 제국 주변의 야만인들을 일컫는다/옮긴이)의 파괴적인 침공의 결과라고 설명하고 있다. 그러나 그 사실들을 더 깊이 들여다보면, 고대 로마 제국의 몰락을 부른 것은 호전적이지 않은 평화적인 침공이었다는 사실이 드러난다. 또 바바리안들이 로마 문명을 무너뜨리기를 원하기는커녕 자신이 숭배했던 제도들을 채택하고 지속시키기 위해 온갖 노력을 다 기울였다는 것도 확인된다. 바바리안들은 로마의 언어와 제도와 예술을 이용하려고 노력했다. 메로빙거 왕조의 마지막까지, 바바리안들은 자신들이 물려받은 위대한 문명을 지속시키려고 애를 썼다. 이 같은 의도는 위대한 샤를마뉴(Charlemagne: 742?-814) 황제의 모든 행위에 반영되고 있다.

그러나 그런 과업은 언제나 불가능했다는 것을 우리는 잘 알고 있다. 바바리안들이 반복적인 혼혈과 동일한 존재 조건을 통해 어느 정도 동질적인 하나의 민족을 형성하기까지 몇 세기의 세월이 필요했다. 이 동질적인 민족이 형성되었을 때, 이 민족은 단지 창조되었다는 한 가지 사실 때문에 새로운 언어와 새로운 제도를, 따라서 새로운 문명을 가졌다. 고대 로마의 강력한 전통이 이 새로운 문명에 깊은 흔적을 남기긴 했지만, 고대 로마 문명 자체를 되살리려는 다양한 노력은 모두 실패로 돌아갔다. 르네상스도 고대 로마의 예술을 되살리려고 노력했지만 그 목표를 이루지 못했으며, 혁명은 고대 로마 시대의 제도를 다시 일으키려 했지만 마찬가지로 그 목표를 이루지 못했다.

기원후 1세기부터 로마 제국을 연속적으로 침공해 최종적으로 흡수하는 데 성공했던 바바리안들은 로마 문명을 파괴하자는 제안을 전혀 하지 않았으며 정반대로 문명을 지속시키자고 제안했다. 바바리안들이 로마를 상대로 전쟁을 일으키지 않았다 하더라도, 말하자면 바바리안들이 단지 로마인들과 피를 섞는 것을 더욱 강화하는 것으로 만족했다 하더라도, 역사의 물줄기는 변하지 않았을 것이다. 다시 말해, 바바리안들이 로마 제국을 파괴하지 않았을 수 있지만, 그래도 그들이 로마인들과 피를 섞는 것만으로도 로마인의 영혼을 파괴하기에 충분했을 것이라는 뜻이다. 그렇다면 로마 문명은 전복된 적이 한 번도 없었으며, 로마 문명은 단지 다양한 민족들의 수중으로 떨어졌다는 단순한 사실 때문에 세월을 내려오면서 변하며 지속되었다는 식으로 말하는 것도 가능하다.

야만인들의 침공의 역사를 얼핏 보는 것만으로도 앞에 말한 내용을 충분히 뒷받침할 수 있다.

현대 학자들의 연구, 특히 프랑스 역사학자 퓌스텔 드 쿨랑주(Fustel de Coulanges:1830~1889)의 연구는 로마의 세력이 점진적으로 사라지도록 한 것이 바바리안들의 평화적인 침공이었지 공격적인 침공이 아니었음을 분명히 보여주었다. 공격적인 침공은 로마 제국에 고용되어 있던 야만인들에 의해 쉽게 격퇴되었다. 최초의 황제들이 등장하던 시대에 이미, 야만인들을 군대에 고용하는 관습이 행해지고 있었다. 로마인들이 부유해지면서 병역을 기피하는 분위기가 더 강해짐에 따라, 이 관습은 더욱 깊어져갔다. 그런 분위기 속에 몇 세기가 지나자, 군대도 행정 분야처럼 외국인으로만 구성되는 지경에 이르렀다. "서고트족과 부르고뉴 주민, 프랑크족이 로마 제국을 지키는 '연합군'이었다."

고대 로마 제국이 제국을 방어하는 병력으로 야만인들만을 두게 되었을 때, 그리고 제국의 속주들이 야만인 장관에 의해 다스려지게 되었을 때, 이 야만인 장관들이 점점 더 많은 독립을 누리게 되었을 것이 틀림없다. 정말로, 이 장관들은 독립을 확보하는 데 어느 정도 성공했다. 그러나 그들 중 어느 누구도 제국을 무너뜨리겠다는 생각을 떠올리지 않았다. 그만큼 로마 제국의 위세가 대단했던 것이다.

이 야만인 장관들은 로마가 자신들의 권력 아래로 떨어졌을 때조차도 그런 생각을 품지 않았다. 로마 제국에 고용된 이런 장관들 중 한 사람으로 헤루티(Heruti)의 왕이었던 오도아크레(Odoacre)가 좋은 예이다. 그는 476년에 로마를 소유하게 되었을 때 당시에 콘스탄티노플에 거주하고 있던 황제에게 원로원 의원이라는 타이틀로 이탈리아를 통치할 수 있는 권한을 달라고 서둘러 요청했다. 다른 야만인 장관들도 이와 달리 행동하지 않았다. 그들이 속주를 통치하는 행위는 언제나 로마의 이름으로 이뤄졌다. 고대 로마의 영토를 처분하거나 제도를 간섭하겠다는 생각은 그들에게는 결코 떠오르지 않았다. 클로도베쿠스(Chlodovechus)[36]는 자신을 로마 제국의 공무원으로 보았으며, 황제로부터 집정관이라는 타이틀을 받았을 때엔 그 같은 사실을 매우 자랑스럽게 여겼다. 그가 죽고 30년 뒤에, 그의 후계자들도 여전히 황제들이 선포한 법률을 받아들였으며 그 법들이 준수되는 것을 지켜보는 것을 자신의 임무로 여겼다.

갈리아 지방의 이방인 장관들이 감히 자신의 초상을 새긴 화폐를 발행하려 한 것은 아마 7세기가 시작된 이후의 일일 것이다. 그때까지 그들의 주화엔 언제나 황제의 초상화가 새겨졌다. 갈리아의 주민이 로마 황제를 지배자로 여기지 않게

....
36 프랑크족을 최초로 통합시킨 왕(466?-511)으로 메로빙거 왕조의 창설자로 여겨진다.

되었다고 말할 수 있는 것은 겨우 이때부터다. 사실, 역사학자들은 프랑스 역사를 200년 앞당기면서 프랑스인에게 10명 정도 더 많은 왕을 안기고 있다.

야만인들의 침공만큼 정복이라는 이름에 어울리지 않는 것도 없다. 왜냐하면 정복당한 지역의 사람들이 자신의 땅과 언어, 법률을 그대로 유지했기 때문이다. 예를 들어, 노르만인들의 잉글랜드 침공 같은 진정한 정복에는 절대로 그런 일이 있을 수 없다.

로마 제국의 권위가 사라지는 것이 너무나 점진적으로 이뤄졌기 때문에 그 쇠락이 그 기간의 사람들에게 지각되지 않았을 수도 있다. 로마 제국의 속주들은 몇 세기 동안 황제를 대신하는 장관들의 지배를 받는 데 익숙했다. 속주의 장관들은 매우 점진적으로, 매우 느리게 자신의 책임으로 통치하게 되었다. 따라서 아무것도 변하지 않았다. 똑같은 체제가 메로빙거 시대 내내 새로운 지배자들 아래에서 지속되었다.

유일하게 진정한 변화는 새로운 역사적 민족의 형성이었으며, 이 변화야말로 매우 깊은 변화였다. 새로운 민족의 형성은 당연한 결과로서, 우리가 제시한 법칙에 따라 새로운 문명을 탄생시켰다.

역사의 법칙들 중에서 가장 확실한 법칙, 즉 똑같은 현상의 영원한 반복이라는 법칙 때문에, 우리는 어쩌면 현대에도 로마 문명의 변화를 초래한 것과 비슷한 평화적 침공을 목격하게 될지도 모른다. 현대 문명의 일반적인 확장을 고려한다면, 오늘날에는 야만인들은 더 이상 없을 수 있다. 혹은 아시아와 아프리카의 깊은 곳에 자리 잡고 있는 사람들이 매우 강력한 위협이 되기에는 서양과 너무 멀다고 할 수도 있다. 분명히, 서양인은 그들에게 침공당할 수 있다는 걱정을 할 필요가 없다. 만약에 그들이 걱정스럽다면, 내가 다른 책에서 보여주었듯이, 그들이 유럽과 경제적 경쟁 관계를 이루는 날이 올 것이기 때문이다. 따라서 우리가 여기서 관심을 두는 것은 그들이 아니다. 그러나 그들은 매우 멀게 보임에도 불구하고 실제로 보면 매우 가깝고, 로마 황제들의 시대 때보다 훨씬 더 가깝다.

실은 야만인들은 문명화된 나라들의 깊은 내부에도 존재한다. 현대 문명의 복잡한 결합 때문에, 그리고 개인들의 점진적 분화 때문에, 각 국민은 엄청난 수의 열등한 사람들을 포함하고 있다. 이 열등한 사람들은 자신의 능력에 비해 너무 탁월한 문명에 스스로를 적응시키지 못하고 있다. 그 결과, 거대한 수의 낭비적인 인구가 생겨나게 되었다. 이 인구의 침공을 받게 되는 국민은 그 경험을 무서워할 근거를 갖게 될 것이다.

오늘날 이 새로운 야만인들이 공통의 합의 하에 걸음을 돌리고 있는 방향은 미국이다. 이 위대한 나라의 문명을 심각하게 위협하고 있는 것은 바로 그들이다. 외국 이민이 소규모로 이뤄지고 또 주로 영국적인 요소로 구성되어 있는 한, 이민자를 흡수하는 일은 쉽고 또 유익하다. 이민이 미국의 놀랄 만한 위대성을 낳았다. 미국은 지금 열등한 요소들의 심각한 침공에 노출되고 있다. 이 열등한 요소들은 미국이 원하지도 않은 것이고 동화시킬 수도 없는 것이다.

1880년부터 1890년까지, 미국은 거의 600만 명의 이민자를 받았다. 거의 모두가 모든 나라에서 온 낮은 계층의 노동자들이었다. 오늘날 110만 명으로 집계되는 시카고 주민들 중에서 미국인은 4분의 1도 채 되지 않는다. 시카고 인구는 독일인 40만 명과 아일랜드인 22만 명, 폴란드인 5만 명, 체코인 5만5천 명 등으로 구성되어 있다. 이 이민자들과 미국인 사이에 융합이 전혀 이뤄지지 않고 있다. 이민자들은 자신들이 새로 선택한 나라의 언어를 배우는 수고까지 하려 들지 않는다. 그들은 새 나라 안에서 식민지를 형성하면서 저임금 직종에 종사하고 있다. 그들은 불만을 품고 있으며, 그래서 위험하다. 최근의 철도 파업에서 시카고는 그들에 의해 불태워지는 재앙을 간신히 모면했으며, 그들에게 무자비하게 발포하기까지 했다.

모든 사람을 동등하게 만들겠다는 야만스런 사회주의가 동조자를 얻는 것은 아마 그런 계층일 것이다. 사회주의는 쇠퇴한 유럽에서는 실현 가능할지 몰라도 진정한 미국인들의 기질과는 상당히 맞지 않다. 사회주의가 미국이라는 위대한 공화국의 토양에서 일으키려 하는 갈등은 실제로 보면 서로 다른 진화 수준에 이른 사람들 간의 갈등일 것이다.

미국인들의 미국과 외국인들의 미국 사이에 준비되고 있는 내전에서 승리가 야만인들에게 돌아가지 않을 것이 분명하다. 이 중대한 투쟁은 틀림없이 마리우스(Marius)[37]가 킴브리족[38]을 전멸시킨 것과 같은 사건이 대규모로 이뤄지는 그런 대학살로 끝날 것이다. 만약에 그 투쟁이 연기되고 침공이 지속된다면, 그 문제가 야만인들의 완전 파괴로 해결되는

....
37 로마의 장군이며 집정관(B.C.155?- B.C. 86).
38 게르만의 한 부족.

것은 불가능할 것이다. 그런 경우에 미국의 운명은 아마 로마 제국의 운명이 될 것이다. 말하자면, 공화국 안에 존재하고 있는 지방들이 독립적인 국가들로 해체되고, 유럽의 국가들이나 남미의 국가들만큼 분리되고 자주 전쟁을 치르게 될 것이라는 뜻이다.

이런 침공의 위협을 받고 있는 나라가 미국만은 아니다. 유럽에도 그런 나라가 하나 있다. 프랑스다. 이 나라도 똑같은 위협에 시달리고 있다. 프랑스는 부유한 나라이다. 그런데 인구가 늘어나지 않고 있다. 이 나라는 가난한 나라들에 둘러싸여 있다. 가난한 나라들의 인구는 계속 증가하고 있다. 이웃 국가들의 이민이 불가피하다. 농업과 산업 분야에서 프랑스의 근로 계층에 대한 수요가 점점 더 커지고 있기 때문에, 그런 이민은 더욱 불가피해지고 있다. 이 이민자들이 프랑스 땅에서 누리는 이점은 아주 분명하다. 그들은 병역 의무로부터 자유롭다. 외국인 유목민이나 다름없는 그들은 세금을 거의 내지 않거나 전혀 내지 않는다. 일은 자기 나라에서 하는 것보다 더 쉬운 반면에 노동의 대가는 더 낫다. 더 나아가, 외국인 이민자들은 단순히 프랑스의 부(富) 때문에 프랑스를 침공하는 것이 아니다. 다른 나라들이 언제나 이민자의 입국을 금지하는 법을 통과시키고 있기 때문이기도 하다.

외국인들의 이런 침공은 당연히 그들이 가장 열등한 요소라는 점에서 더욱 가공할 만하다. 프랑스로 이민 오는 사람들이 자기 나라에서 생계를 꾸리는 데 성공하지 못한 사람들이니 말이다. 프랑스의 인도주의적인 원칙들이 프랑스로 하여금 점점 커지는 외국인들의 침공에 시달리도록 만들고 있다. 40년 전에는 그런 외국인 이민자들이 40만 명에 불과했다. 그러나 오늘날 그 숫자는 120만 명에 이르며, 이민자들은 점점 더 많이 들어오고 있다. 단순히 이탈리아인의 숫자만을 고려한다면, 마르세유는 이탈리아 식민지로 불릴 수 있다. 이탈리아는 그만한 수의 이탈리아인이 나가서 살고 있는 식민지를 한 곳도 갖고 있지 않다. 만약에 현재의 조건이 변하지 않는다면, 다시 말해 이 침공이 중단되지 않는다면, 매우 빠른 시일 안에 프랑스 인구의 3분의 1이 독일인이 될 것이고 3분의 1이 이탈리아인이 될 것이다. 그런 조건에서 어떻게 국민이 통일성을 이룰 것이며, 국민의 존재가 가능하겠는가? 전쟁터에서 벌어질 수 있는 최악의 재앙도 그런 침공에 비하면 아주 사소한 일이 될 것이다. 고대의 민족들에게 외국인들을 두려워하라고 가르친 것은 매우 확실한 어떤 본능이었다. 고대인들은 한 나라의 상황은 거주자들의 숫자에 의해 평가되는 것이 아니라 시민들의 숫자에 의해 평가된다는 것을 잘 알고 있었다.

모든 역사적 및 사회적 문제들의 바탕에 불가피한 민족적 문제가 자리 잡고 있다는 사실이 여기서 다시 확인되고 있다. 민족의 문제가 다른 모든 문제들을 지배하고 있다.

DÉCLARATION
DES DROITS DE L'HOMME
ET DU CITOYEN,
Décretés par l'Assemblée Nationale dans les séances des 20.21
23.24 et 26 août 1789, acceptés par le Roi

4부

—

민족의 심리적 특성은
어떻게 변하는가

1장
사상은 민족의 삶에서
어떤 역할을 하는가

민족들의 심리적 특성들이 불변성을 갖고 있다는 점을, 그리고 국민들의 역사가 이런 특징들의 결과라는 것을 보았다. 이어서 종(種)의 해부학적 요소들이 그렇듯이, 심리학적 요소들도 유전을 통한 느린 축적에 의해 장기적으로 변화한다는 것을 보았다. 문명들의 진화는 이런 변형들에 크게 좌우된다.

다양한 요인들이 심리적 변화를 촉발시킬 수 있다. 필요, 생존 투쟁, 환경의 작용, 과학과 산업의 발달, 교육, 믿음, 그리고 여러 다른 요인들이 영향력을 행사한다. 그 요인들에 관한 연구 결과를 이미 한 권의 책으로 묶은 바 있다. 여기서 그 문제를 세세하게 다룰 수는 없다. 단지 몇 가지 근본적인 요인들을 선택하여 그 요인들이 작용하는 메커니즘을 보여 줄 목적으로만 그 문제를 돌아볼 것이다. 이 장과 다음 장은 이 문제를 놓고 연구한 결과를 요약하는 데 할애될 것이다.

세상이 기원한 이래로 계속 이어진 다양한 문명들을 대상으로 한 연구는 그 문명들이 발달하는 과정에 언제나 매우 작은 수의 근본적인 사상의 지배를 받는다는 사실을 증명하고 있다. 만약에 국민들의 역사가 사상의 역사로 국한된다면, 그 역사는 절대로 길지 않을 것이다. 어떤 문명이 한 세기 안에 예술과 과학, 문학 또는 철학의 영역에서 한두 가지 근본적인 사상들을 창조하는 데 성공했다면, 그 문명은 예외적으로 찬란한 것으로 여겨질 수 있다.

사상은 매우 느리게 공을 들여 다듬은 결과 생각이라는 유동적인 영역에서 빠져나와서 정서라는 안정적이고 무의식적인 영역으로 내려갈 때까지 그 국민의 영혼에 절대로 작용하지 못한다. 여기서 말하는 이 정서의 영역에서 국민의 행동의 동기들이 다듬어진다. 정서의 영역으로 내려온 사상은 이제 기질의 요소가 되어 행동에 영향을 미친다. 기질은 부분적으로 무의식적인 사상들의 층으로 형성되어 있다.

이처럼 느리게 진행되는 동화의 과정을 다 거치고 나면, 사상의 힘이 꽤 커진다. 왜냐하면 이성이 더 이상 그 사상에 어떠한 영향도 미치지 못하게 되기 때문이다. 종교적 사상이나 그 외의 다른 사상에 지배당하고 있는 광신자에겐 아무리 지적인 사람이라도 추론이 전혀 먹히지 않는다. 그런 광신자가 시도할 수 있는 것이라곤 궤변과 심각한 왜곡을 통해, 자신을 지배하고 있는 개념들과 모순되는 사상을 마치 그 개념들과 일치하는 것처럼 보이도록 만드는 것뿐이다. 그러나 대부분의 광신자는 아마 이런 노력마저도 하지 않을 것이다.

만약 사상이 의식의 영역에서 무의식의 영역으로 서서히 내려온 뒤에야 어떤 작용을 시작할 수 있다면, 사상이 매우 서서히 변형되고, 문명을 주도하는 사상이 수적으로 매우 작고, 사상의 진화가 아주 긴 세월을 필요로 하는 이유가 충분히 이해된다. 우리는 그 같은 사실에 대해 다행으로 여겨야 한다. 그렇지 않다면, 문명이 불변성을 갖는 것이 불가능할 것이다. 새로운 사상이 장기적으로 뿌리를 내릴 수 있다는 사실도 마찬가지로 다행한 일이다. 왜냐하면 옛날의 사상이 절대적으로 변화 불가능한 경우에, 문명이 어떤 발전도 이루지 못할 것이기 때문이다.

우리의 정신적 변화가 느리게 이뤄지고 있는 덕분에, 새로운 사상이 승리를 확보하는 데에도 많은 세대의 인간들이 필요하고, 또 그 사상이 사라지는 데에도 다시 많은 세대가 필요하다. 문명이 가장 앞선 국민들의 두드러진 특징은 그들을 이끄는 사상이 변동성과 불변성 사이에서 균형을 잘 맞추고 있다는 점이다. 역사에는 핵심적인 사상이 변동성과 불변성 사이에서 균형을 제대로 이루지 못한 탓에 스러져간 민족들의 흔적이 여기저기 흩어져 있다.

따라서 다양한 국민들의 역사를 연구할 때 눈에 가장 두드러지는 것이 사상의 풍부함이나 진기함이 아니라 그와 정반대로 사상의 극단적 빈곤과, 사상의 느린 변화 속도, 사상의 힘인 이유가 쉽게 이해된다. 문명은 몇 가지 근본적인 사상의 결과물이며, 이 사상들이 변할 때엔 그 문명도 당연히 변화하게 된다.

중세는 두 가지 중요한 사상 위에 존재했다. 종교 사상과 봉건 사상이다. 중세의 예술과 문학, 삶에 대한 전체 인식이 바로 이 두 가지 사상에서 나왔다. 르네상스 시대에 이 사상들이 일부 변화를 겪었다. 다시 발견한 옛 그리스 로마 세계의 이상이 유럽에 심어지고, 그와 동시에 삶에 대한 인식과 예술과 문학이 변화하기 시작한다. 이어서 전통의 권위가 흔들리고, 과학적 진리가 계시를 통해 나타난 진리를 점진적으로 대체하고, 문명도 변화한다. 오늘날, 옛날의 종교적 사상들은 예전에 행사하던 영향 중 상당 부분을 상실한 것처럼 보이며, 이 같은 사실 때문에 옛 종교 사상에 바탕을 두었던 사회 제도가 파괴의 위기를 맞고 있다.

사상의 기원과 지배, 변화, 사라짐 등에 관한 역사는 수많은 예들을 구체적으로 제시하는 방법으로만 쓰일 수 있다. 세부적으로 파고들 수 있다면, 문명의 각 요소들, 즉 철학과 신앙, 예술, 문학 등은 매우 작은 수의 주도적인 사상의 영향을 받으며, 이 사상들의 진화는 극히 느리다는 점을 보여줄 수 있다. 과학도 이 법칙에 예외가 아니다. 현대 물리학은 에너지의 불변성에서, 현대 생물학은 진화론에서, 현대 의학은 무한히 작은 것들의 작용이라는 사상에서 비롯되었다. 사상의 역사는 사상을 소중히 여기는 사람들이 아주 계몽된 계층에 속할지라도 사상은 어디까지나 점진적으로, 그리고 매우 어렵게 확립된다는 것을 보여준다. 모든 것이 너무나 빠른 속도로 나아가는 세기에, 그리고 열정과 이해관계가 거의 아무런 역할을 하지 않는 조사의 영역에서 어떤 근본적인 과학적 사상을 확립하는 데에도 최소한 25년은 걸린다. 대단히 명확한 사상, 말하자면 아주 쉽게 증명할 수 있어서 이론의 여지가 거의 없는 사상도 대중에게 받아들여지기까지 그만큼의 세월이 필요하다.

사상의 본질을 불문하고, 말하자면 과학적 사상이든, 예술적 사상이든, 철학적 사상이든, 종교적 사상이든 상관없이, 사상이 전파되는 메커니즘은 언제나 똑같다. 사상은 먼저 작은 수의 사도(使徒)들에게 채택되어야 한다. 이 사도들의 믿음의 치열성과 그들의 이름에 따르는 권위가 사상에 대단한 명성을 보탠다. 이제 사도들은 논증보다는 암시를 통해 활동한다. 설득 수단을 논증에서 찾아서는 안 된다. 사상은 선포하는 사람의 명성에 의해 강요될 수도 있고 열정에 호소하는 방법을 통해 강요될 수도 있다. 그러나 이성에 호소하는 것만으로는 아무런 효과를 얻지 못한다. 대중은 논증에는 절대로 설득 당하지 않으며 오직 단언에만 설득 당한다. 단언의 권위는 오직 그 단언을 선언하는 사람의 명성에서 나온다.

이 사도들이 작은 집단의 광신자들을 확신시키는 데 성공함으로써 새로운 사도들을 배출할 때, 새로운 사상은 토론의 영역으로 들어가기 시작한다. 새로운 사상은 처음에 전반적으로 반대에 봉착한다. 그 사상이 오래되고 확립된 많은 것들과 반드시 충돌을 빚을 것이기 때문이다. 새로운 사상을 지키는 사도들은 이 같은 반대에 당연히 자극을 받게 되며, 이 반대는 그들로 하여금 자신들이 나머지 인류보다 월등하다는 확신을 품게 만든다. 따라서 사도들은 그 사상을 열정적으로 지키려 나서게 된다. 그 사상이 진리라서 그런 것이 아니다. 대개 사도들은 그 사상이 진리인지 거짓인지에 대해 전혀 모른다. 사도들이 그 사상을 열정적으로 옹호하는 이유는 단순히 그것을 채택했기 때문이다. 새로운 사상은 이제 더욱 많이 논의된다. 다시 말하면, 그 사상이 현실 속에서 한쪽에서는 완전히 받아들여지고 다른 쪽에서는 철저히 부정당하고 있다는 뜻이다. 단언과 부정이 오가지만 찬반 논쟁이 벌어지는 경우는 무척 드물다. 대부분의 뇌의 경우에, 어떤 사상을 받아들이거나 거부하는 유일한 동기가 단순히 감정적인 동기에 불과하기 때문이다. 거기선 추론은 아무런 역할을 하지 못한다.

언제나 열정적인 이런 논쟁 덕분에, 그 사상은 서서히 퍼져 나간다. 그 사상이 반박의 여지를 안고 있다는 사실을 발견하는 새로운 세대들은 단지 그것이 반박의 여지를 갖고 있다는 이유로 그것을 채택하는 경향을 보인다. 언제나 독립적이기를 바라는 젊은 사람들에게, 기존의 개념들에 대한 대대적인 반대야말로 가장 쉽게 채택할 수 있는 형태의 기발함으로 여겨진다.

이어 사상은 토대를 계속 다져나가며 곧 더 이상 지원을 필요로 하지 않게 될 것이다. 이제 사상은 단순히 모방 효과에 의해서 온 곳으로 퍼져나간다. 이때 모방은 전염의 역할을 한다. 인간은 대체로 현대 과학이 인간의 조상으로 제시하고 있는 유인원만큼이나 훌륭한 모방 재능을 타고났다.

전염의 메커니즘이 작동하기 시작하기만 하면, 사상은 반드시 성공을 의미하는 그런 단계로 들어가게 된다. 사상은 곧 일반적인 의견에 받아들여진다. 이어서 사상은 침투하는 어떤 미묘한 힘을 획득하며, 이 힘이 사상을 모든 지식인들 사이에 점진적으로 퍼뜨림과 동시에 일종의 특별한 분위기를, 일반적인 어떤 사고 방법을 창조한다. 온 곳을 뚫고 나가는 고속도로의 미세한 먼지처럼, 그 사상은 한 시대의 모든 개념과 모든 산물 속으로 들어가는 길을 발견한다. 이제 사상과 그 결과물은 교육에 의해서 우리에게 강요되는 평범한 것들의 저장고 중 일부를 차지하게 된다. 그 사상은 승리를 거두면서 정서의 영역으로 들어간다. 이제 사상은 이 정서 영역에서 오랫동안 아무것도 두려워하지 않을 것이다.

어떤 문명을 이끄는 다양한 사상 중에서 일부 사상, 예를 들면 예술이나 철학에 관한 사상은 국민 중 상급 계층에 국한될 것이다. 그러나 다른 사상들, 특히 종교와 정치에 관한 사상은 일부 예에서 군중의 깊은 속으로 내려간다. 그 사상은 대체로 상당히 훼손된 상태에서 거기에 닿는다. 그러나 군중의 깊은 속에 닿은 사상이 추론할 줄 모르는 원시적인 정신에 행사하는 힘은 엄청나다. 이런 상태에 있는 사상은 불굴의 무엇인가를 나타내며, 그 사상은 둑을 무너뜨리는 강물 같은 무서운 기세로 작동한다. 어떤 사상에 사로잡힌 국민 중에서 그 사상을 지키기 위해 목숨까지 내놓겠다고 나서는 사람을 10만 명 정도 발견하는 것은 언제나 쉬운 일이다. 그러면 역사를 혁명적으로 바꿔 놓을 중대한 사건이 일어날 수 있으며, 이런 혁명은 오직 군중에 의해서만 성취될 수 있다. 세계를 지배한 종교들을 창설하거나, 지구의 이쪽에서 저쪽까지 거대한 제국을 세우거나, 유럽의 지도를 바꾼 중대한 종교적 및 정치적 혁명의 원인이 되었던 사람은 문학가나 예술가, 철학가가 아니었다. 이런 성취는 어떤 사상에 지배 당한 상태에서 그 사상의 전파에 목숨을 걸고 나설 만큼 어리석었던 사람들의 업적이었다.

아라비아 사막의 유목민들을 보라. 실질적으로는 매우 효과적이었음에도 불구하고 이론적으로 보면 매우 무의미한 사상 외에는 의지할 것이 하나도 없는 상태에서, 그들은 옛 그리스 로마 세계의 일부를 점령하고 역사상 가장 거대한 제국 중 하나를 건설했다. 프랑스 국민 공회의 영웅적인 군인들이 유럽의 맹공격에 맞서 승리를 거둘 수 있었던 것도 이와 비슷한 도덕적 도구, 즉 어떤 사상의 지배가 있었기에 가능했다.

강력한 확신은 늘 압도적이다. 그렇기 때문에 그것과 똑같은 힘을 발휘하는 다른 확신만이 그 확신에 성공적으로 저항할 수 있다. 신앙이 두려워해야 하는 유일한 적은 바로 신앙이다. 신앙에 맞서고 있는 물리적인 힘이 약한 감정과 약한 믿음만을 일으키고 있는 곳에서, 틀림없이 신앙이 승리를 거두게 되어 있다. 그러나 만약에 신앙이 똑같이 치열한 신앙과 맞서게 된다면, 그 투쟁은 대단히 격렬해지고, 그런 조건에서 성공은 부차적인 상황에 의해 결정된다. 이 부차적인 상황은 대개 도덕적이다. 말하자면 훈련 정신 또는 보다 훌륭한 조직에 의해 성공이 결정된다는 뜻이다.

방금 언급한 아랍인들의 역사를 면밀히 연구해 보라. 그러면 초반의 정복에서 아랍인들이 도덕적으로 허약한 적들을 만났다는 사실이 확인될 것이다. 물론, 아랍인들의 군사적 조직도 꽤 훌륭했지만 말이다. 이 초반의 정복이 언제나 가장 어렵고 가장 중요하다.

아랍인이 가장 먼저 공격한 나라는 시리아였다. 아랍 병사들이 시리아에서 만난 것은 용병으로 이뤄진 비잔틴 병사들이었지만, 이 비잔틴 병사들은 어떤 명분을 위해서도 자신을 희생시킬 뜻이 별로 없었다. 아랍인들은 힘을 열 배는 더 키워놓았을 치열한 신앙에 고무된 상태에서, 이상(理想)을 결여하고 있던 비잔틴 병사들을 아주 쉽게 흩어지게 할 수 있었다. 아랍인들의 정복은 그들보다 앞서, 자신의 도시에 대한 사랑으로 뭉쳤던 소수의 그리스인들이 크세르크세스(Xerxes)[39]의 대군을 물리쳤을 때만큼이나 쉬웠다. 만약에 아랍인들이 몇 세기 앞서 로마의 군대와 충돌했다면, 그들의 모험의 결

....
39 페르시아 아케메네스 왕조의 왕(B.C.519?-B.C.465). 그리스를 침공했다가 살라미스에서 패배했다.

198

과는 꽤 달랐을 것이다. 똑같이 강력한 도덕적 힘들이 서로 충돌할 때, 승리는 조직이 더 잘 된 쪽의 차지인 것은 분명하다. 프랑스 혁명 동안에 벌어진 방데 전쟁[40]에 참가한 반혁명주의자들의 신앙심은 틀림없이 매우 뜨거웠다. 그러나 국민 공회 병사들의 확신도 틀림없이 매우 강했다. 그런 상황에서 국민 공회 병사들의 군사 조직이 더 우수했기 때문에 그들이 승리를 거둘 수 있었다.

종교에서도 정치에서처럼, 성공은 언제나 강하게 믿는 사람에게 돌아가며, 회의적인 사람에게는 절대로 돌아가지 않는다. 그리고 사회주의자들의 신조가 위험하고 부조리함에도 불구하고 오늘날 미래가 사회주의자들의 것인 것처럼 보인다면, 그것은 사회주의자들이 지금 진정한 확신을 갖고 있는 유일한 집단이기 때문이다. 현대의 지배 계층들은 모든 것에 대한 믿음을 상실했다. 그들은 더 이상 아무것도 믿지 않는다. 심지어 사방을 에워싸고 있는 위협적인 이방인들의 홍수에 맞서 자신을 지킬 가능성마저도 믿지 않는다.

어떤 사상이 길거나 짧은 기간의 잠정적 존재와 변화, 변

....
40 프랑스 혁명 때 '성직자 기본법'에 반대하던 로마 가톨릭 세력과 왕당파의 반란으로 벌어진 전쟁(1793-1796).

형, 토론, 선전 등을 거친 뒤에 최종적인 형태를 확립하고 대중의 영혼 속으로 파고들 때, 그 사상은 하나의 신조가 된다. 그것은 이제 더 이상 논의의 대상이 되지 않는 절대적 진리이다. 그러면 그 사상은 국민들의 존재의 바탕이 되는 그런 일반적인 믿음의 일부를 이룬다. 사상이 국민들에게 보편적으로 받아들여진다는 사실이 아주 중요하다. 이 보편적인 성격 때문에 그 사상은 월등한 역할을 하게 된다. 역사에서 위대한 시대로 꼽히는 아우구스투스(Augustus)의 세기와 루이 14세의 세기는 사상들이 잠정적 시기를 빠져나오고 논쟁의 대상에서 벗어나면서 뚜렷한 형태를 갖춤에 따라 사람들의 생각을 지배하는 최고의 주인이 되었던 그런 세기였다. 이어서 그 사상들은 활활 타는 봉화가 되며, 이 봉화들이 비추는 모든 것은 그와 비슷한 경향을 띠게 된다.

　새로운 사상은 승리를 거두자마자 하찮은 것을 포함한 문명의 모든 요소에 그 흔적을 남긴다. 그러나 그 사상이 그 효과를 최대한 발휘하기 위해서는, 그것이 반드시 대중의 영혼속으로 침투해야 한다. 그 사상은 처음 존재하게 되었던, 지적으로 높은 곳에서부터 한 단계씩 아래로 내려가면서 끊임없이 변화와 개조를 겪는다. 그러다가 사상은 최종적으로 대중의 영혼이 받아들일 수 있는 그런 형태를 취하게 된다. 바로 이 대중의 영혼이 사상의 승리를 보장한다. 이 지점에 이르면, 사상은 몇 개의 단어로, 가끔은 단 한 개의 단어로 압축된다. 그럼에도 이 단어는 강력한 이미지를 불러일으킨다. 이 이미지는 유혹적이거나 끔찍하지만, 그 때문에 언제나 인상적이다. 좋은 예가 중세의 천국과 지옥이라는 단어이다. 이 짧은 단어들은 모든 것에 적용될 수 있는 마법의 힘을 갖고 있으며, 단순한 영혼의 소유자들에게 모든 것을 설명하는 마법의 힘을 갖고 있다. 사회주의라는 단어는 현대의 근로자에게 영혼들을 지배할 수 있는 어떤 마법적인 주문(呪文)으로 다가온다. 사회주의라는 단어는 침투하고 있는 집단에 따라서 서로 다른 이미지를 자극하지만, 그 이미지는 형태가 미숙함에도 불구하고 대단히 강한 힘을 발휘한다.

프랑스의 이론가에게 사회주의라는 단어는 일종의 천국 같은 이미지를 불러일으킨다. 모든 인간이 동등하고, 모두가 국가의 끊임없는 지도 아래에 이상적인 지복(至福)을 누리는 그런 곳 말이다. 독일 노동자에게 그 단어가 불러일으키는 이미지는 담배 연기 자욱한 선술집을 배경으로 하고 있다. 이 술집에선 정부가 소시지와 소금에 절인 양배추를 푸

짐하게 내놓고 맥주를 무한정 제공한다. 평등을 꿈꾸거나 소금에 절인 양배추를 꿈꾸는 사람들 중에서 그런 것들을 공유할 사람들의 숫자나 분배해야 할 것들의 총량을 알아보려는 수고를 하는 사람은 당연히 아무도 없다. 이런 사상의 근본적인 특징은 그것이 어떤 반대도 불가능한 그런 절대적인 형태를 띠고 있다는 점이다.

사상이 조금씩 정서로 변하면서 하나의 신조가 될 때, 그 사상의 승리가 장기간 보장되며 추론으로 그것을 흔들려는 시도는 모두 헛되이 끝날 것이다. 틀림없이, 새로운 사상은 최종적으로 그것이 대체했던 사상의 운명을 똑같이 겪게 될 것이다. 사상은 나이가 들어 늙고 쇠퇴할 것이다. 그러나 이 사상도 완전히 사라질 때까지 퇴보의 전체 과정을 두루 거쳐야 한다. 당연히 온갖 종류의 변형을 거친다. 이 퇴보의 과정을 끝내는 데도 아마 몇 세대가 걸릴 것이다. 완전히 죽어 사라지기 전에, 그 사상은 유산으로 내려오는 옛 사상의 일부를 오랫동안 영향력을 발휘할 것이다. 그 옛 사상들을 사람들은 편견이라고 부르면서도 어쨌든 존중할 것이다. 옛날의 사상은 하나의 단순한 단어나 소리, 신기루가 되었을 때조차도 마법적인 권력을 갖고 있으며, 우리는 그 권력에 여전히 복종한다.

우리가 이의를 제기하지 않고 그냥 받아들이고 있는, 케케묵은 사상과 의견, 관습 등의 옛 유산은 이런 식으로 계속 이어진다. 물론, 이런 유산은 우리가 잠시 토론을 벌이기로 동의한다면 이성의 노력에 거의 저항하지 못할 것이다. 하지만 자신의 의견을 개진하면서 토론을 벌일 수 있는 사람이 과연 몇 명이나 되며, 또 그 의견들 중에서 아주 피상적인 조사에도 합당한 의견으로 살아남을 수 있는 것이 과연 얼마나 되겠는가?

깐깐한 조사는 아예 시도하지 않는 것이 차라리 더 낫다. 다행히도, 우리가 그런 조사를 할 가능성은 아주 낮다. 보다 고차원적인 기능에 해당하는 비판 정신은 매우 드문 반면에, 모방 정신은 너무 흔한 기능이다. 정신들의 절대 다수가 여론이 제시하고 교육이 전파하는 진부한 사상을 토론 없이 받아들이고 있다.

따라서 유전과 교육, 환경, 전염과 여론에 의해 각 시대와 각 민족의 사람들이 평균적인 개념들을 알게 되는 현상이 나타난다. 이 평균적인 개념들이 사람들을 서로 아주 비슷하게 만든다. 그래서 몇 세기가 지나서 그들을 어느 정도 객관적인 관점에서 보면서, 우리는 그들의 예술적, 철학적, 문학적 작품들을 바탕으로 그들이 살았던 시대를 파악할 수 있다. 분명히, 그들이 전적으로 서로를 모방했다고 말할 수는 없을 것이다. 그러나 그들은 동일한 감정 유형과 사고 유형을 갖고 있었기 때문에 당연히 매우 유사한 작품을 창작하게 되어 있었다.

일들이 이런 식으로 정리된다는 사실에 감사하는 마음을 품어야 한다. 한 국민의 영혼을 형성하는 것이 바로 공통적인 전통과 사상, 감정, 믿음, 사고 유형 등의 네트워크이기 때문이다. 한 국민의 영혼의 활력은 이 네트워크의 힘과 비례한다는 것을 우리는 보았다. 국민을 살아 있게 만드는 것은 바로 현실 속의 이 네트워크이다. 국민이 무너지지 않는 상태에서 이 네트워크가 해체되는 일은 절대로 일어나지 않는다. 이 네트워크는 국민의 진정한 힘인 동시에 국민의 진정한 주인이다. 아시아의 통치자들은 가끔 자신의 공상을 지도 원리로 삼는 그런 독재자로 여겨지고 있다. 그런데 아시아 통치자들의 공상은 공상이라는 이름에 어울리지 않게 그 폭이 매우 좁다. 동양에는 전통의 네트워크가 특별히 더 강하다. 서양인들 사이에 아주 약해진 종교적 전통이 동양에서는 권력을 그대로 간직하고 있으며, 아무리 변덕스러운 독재자도 자신보다 훨씬 더 강하다고 생각하고 있는 두 개의 주권자에겐 절대로 맞서지 않을 것이다. 그 주권자란 바로 전통과 여론을 말한다.

오늘날 문명화된 현대인은 역사에서 드문 결정적인 시기를 맞고 있다. 현대인이 누리고 있는 문명을 낳았던 옛날의 사상들이 영향력을 잃고 있는 반면에, 새로운 사상은 아직 형성되지 않고 있는 것이다. 그런 상황에서 토론이 허용되고 있다. 관습과 여론이라는 멍에를 짊어지고 있는 시대의 본질이 어떤지를 알고, 또 이 두 가지 권력을 공격하고 나설 만큼 대담했던 혁신자들이 떠안은 위험을 알기 위해서, 현대인은 고대 문명들의 시대나 아니면 단순히 2, 3세기 전의 시대로 돌아가야 한다.

무식한 수사학자들이 너무나 큰 자유를 누렸다고 단언하고 있는 그리스인들은 사실 여론과 관습에 엄격히 얽매여 지냈다. 각 시민들은 절대로 위반해서는 안 되는 믿음들을 다수 갖고 있었다. 모두가 주어진 사상을 불평 없이 받아들였으며, 어느 누구도 그것을 놓고 토론을 벌일 생각을 하지 못했다. 그리스 세계는 종교의 자유도 몰랐고, 사생활의 자유도 몰랐다. 아니 어떤 종류든 자유와는 거리가 멀었다. 심지어 아테네의 법은 시민들이 집회를 멀리하는 것조차 허용하지 않았고, 국경일을 종교적으로 축하하는 것도 허용하지 않았다. 고대 세계에 존재했던 것으로 전해지는 자유는 시민들이 그 도시의 사상들의 지배에 무의식적으로, 그래서 절대적으로 복종하는 것에 지나지 않았다. 당시 사회들은 전면적인 전쟁 상태에 처해 있었는데, 그런 상황에서 어느 사회가 구성원들에게 생각과 행동의 자유를 줬다면 아마 단 하루도 살아남지 못했을 것이다. 신이나 제도, 교리는 토론의 대상으로 노출되는 즉시 쇠퇴의 시대로 접어들게 된다.

현대의 문명들 안에서, 관습과 여론의 바탕을 이루고 있는 옛 사상들은 거의 파괴되었으며, 그것들이 영혼을 지배하던 힘도 매우 약해졌다. 옛날의 사상들은 진부한 단계로 접어들었으며, 이 단계에서 옛 사상들은 편견이 된다. 옛 사상들이 새로운 사상으로 대체되지 않는 한, 인간들의 정신은 무질서의 상태로 남는다. 토론이 용인될 수 있는 것은 순전히 이 무질서 상태 덕분이다. 작가들과 사상가들, 철학자들은 현 시대를 찬양하며 최대한 이용하려고 노력한다. 이유는 그들이 지금과 비슷한 상황을 다시 보지 못할 것이기 때문이다. 지금은 아마 쇠퇴의 시대일 것이지만, 세계사에 있어서 사상의 표현이 자유로운 그런 드문 시대이기도 하다. 이 시대가 영원히 지속되는 것은 불가능하다. 문명이 현재 처해 있는 조건을 감안한다면, 유럽의 국민들은 토론도 허용하지 않고 자유도 허용하지 않을 그런 사회적 상태 쪽으로 기우는 경향을 보이고 있다. 곧 모습을 드러낼 새로운 신조들이 사회적으로 확립되기 위해선 조건이 있다. 이 신조들이 어떠한 종류의 토론도 받아들이지 않아야 하고, 이 신조들이 이전의 신조만큼 관용성이 없어야 하는 것이다.

오늘날의 인간은 여전히 미래의 사회 상태의 토대가 되어줄 그런 사상들을 찾고 있으며, 바로 그 미래의 상태에 현대인이 맞닥뜨릴 위험이 도사리고 있다. 국민들의 역사에서 중요한 것은, 그리고 국민들의 운명에 지대한 영향을 행사하는 것은 혁명도 아니고 전쟁도 아니다. 혁명이나 전쟁의 흔적은 금방 지워진다. 국민들의 운명을 좌우하는 것은 바로 그들의 근본적인 사상에 나타나는 변화이다. 그런데 근본적인 사상들의 변화는 문명의 모든 요소들이 동시에 바뀌지 않고는 성취되지 않는다. 진정한 혁명들, 그러니까 한 국민의 존립을 위태롭게 할 수 있는 유일한 종류의 혁명들은 국민의 사상에 영향을 미치는 혁명이다.

국민에게 위험한 것은 새로운 사상을 채택하는 것이 아니다. 그보다는 다양한 사상을 연속적으로 시도하는 것이 위험하다. 국민이 기존의 사회 조직을 대체할 새로운 사회 조직을 충분히 단단하게 건설할 바탕이 되어 줄 사상을 채 발견하기도 전에 다른 사상으로 눈길을 돌려야 하는 상황이 가장 위험하다는 뜻이다. 어느 사상이 위험한 것은 그것이 틀렸기 때문이 아니라, 새로운 사상이 그것을 채택한 사회의 필요에 적용될 수 있는지를 확인하기까지 오랜 기간에 걸쳐 반복 실험이 필요해지기 때문이다. 여기서 지금까지 우리가 존재의 발판으로 삼아 왔던 종교 사상들은 대개 틀렸다는 점을 기억할 필요가 있다.

대중은 불행하게도 새로운 사상의 유용성을 경험을 통해서만 평가할 수 있을 뿐이다. 기존의 사회주의 사상들을 적용할 경우에 그것을 채택하는 국민들에게 비참할 정도의 쇠퇴와 수치스런 압제의 상태를 안겨줄 것이라는 점을 예측하는 데엔 위대한 심리학자가 되거나 위대한 경제학자가 될 필요도 없다. 그런데도 사람들이 사회주의 사상이라는 새로운 복음을 받아들이지 않도록 막을 수 있는 방법이 있는가?

시대가 받아들일 수 없는 사상을 시도했다가 대가를 톡톡히 치른 예가 역사엔 많다. 그러나 인간은 역사에서 교훈을 얻지 않는다. 샤를마뉴는 로마 제국을 다시 확립하려고 노력했지만, 통합이라는 사상은 당시에 실현될 수 없었으며 그의 업적은 그와 함께 사라졌다. 마찬가지로 나폴레옹의 업적도 후기에 사라지는 운명을 맞았다. 펠리페(Philip) 2세도 당시 프로테스탄티즘이라는 이름으로 유럽으로 퍼지고 있던 자유로운 탐구 정신을 물리치려 노력하면서 자신의 재능을 쓸데없이 허비하고 당시에 탁월한 국가였던 스페인의 국력을 낭비했다. 펠리페가 이런 식으로 새로운 사상에 반대한 한 가지 사실 때문에, 스페인은 폐허 상태가 되고 쇠퇴의 상태에 빠졌으며, 그 이후로 스페인은 그 상태에서 회복하지 못하고 있다. 우리 시대에, 왕관을 쓴 어느 공상가는 자기 민족 특유의 치료 불가능한 국제적 감상주의에 고무되어 비현실적인 사상들을 품었다. 그의 사상은 이탈리아와 독일의 통합을 낳고 프랑스가 두 개의 주를 희생하도록 만든 한편, 오랫동안 유럽의 평화를 위험에 빠뜨리는 결과를 낳았다. 숫자가 곧 군대의 힘이라는 완전히 그릇된 사상이 유럽 전역을 일종의 무장 방위군으로 뒤덮게 만들고 유럽을 파산으로 내몰고 있다. 노동과 자본, 그리고 사유 재산의 국유화 등에 관한 사회주의 사상들은 상설 군대와 파산의 와중에도 살아남을 수 있었던 국민들을 완전히 파괴하고 말 것이다.

국적의 원리는 예전에 정치인들에게 너무나 많은 사랑을 받았으며, 그래서 정치인들은 전체 정책을 이 원리에 바탕을 두었다. 이 원리도 위험할 수 있는 주도적인 사상 중 하나로 꼽힐 수 있다. 이 원리를 실현하려는 노력이 유럽을 더없이 참혹한 전쟁으로 몰아넣었고, 유럽 대륙 이쪽 끝에서 저쪽 끝까지 무장하도록 만들었으며, 모든 현대적인 국가들을 차례대로 폐허와 무질서 상태에 빠뜨릴 것이다. 이 원리를 옹호하며 유일하게 내세울 수 있는 명백한 이유는 영토가 가장 크고 인구가 가장 많은 국가들이 가장 강하고 위험에 가장 적게 노출된다는 것이었다. 거기엔 가장 큰 국가가 정복을 벌이기에 가장 적합하다는 은밀한 속셈이 숨어 있었다. 그러나 오늘날 이웃 국가들에 대한 두려움이 가장 작은 나라들이 바로 영토도 작고 인구도 적은 나라들이다. 포르투갈과 그리스, 스위스, 벨기에, 스웨덴, 발칸 반도의 소국들이 그런 예이다. 통일 사상은 이탈리아를 완전히 망쳐놓았다. 예전에 번영을 구가하던 이탈리아는 지금 혁명 전야와 파산 직전 상태에 있다. 이탈리아의 1년 예산 지출은 통일이 실현되기 전에 5억5천만 달러였던 것이 지금은 20억 달러에 이른다.

그러나 사상이 대중의 영혼에 침투할 때 그 사상의 행진을 중단시킬 수 있는 능력은 인간에게 주어지지 않았다. 사상이 그런 성취를 이룰 때, 사상의 진화도 성취되었음에 틀림없다. 이때 이 사상을 옹호하던 사람이 훗날 그 사상의 첫번째 희생자가 되는 경우가 종종 있다. 온순하게 선도자를 따라 도살장으로 가는 것은 양만이 아니다. 우리 인간도 사상의 힘 앞에 고개를 숙여야 한다. 어떤 사상이 진화의 어느 시기에 이르게 되면, 그 사상에 맞서는 주장이나 증거는 더 이상 유효하지 않다. 국민이 스스로 어떤 사상의 멍에로부터 자유롭게 풀려나기 위해선, 여러 세기의 세월 또는 폭력적인 혁명이 필요하며, 두 가지가 다 필요할 때도 가끔 있다. 인류가 스스로 만들어낸 괴물은 무수히 많으며, 인류는 잇따라 그 괴물들의 희생이 되어 왔다.

2장
종교적 믿음은 문명의 진화에서 어떤 역할을 하는가

국민을 이끄는 다양한 사상 중에서, 말하자면 역사의 봉화이자 문명의 기둥인 그런 사상 중에서, 종교적 사상이 너무나 막강하고 너무나 근본적인 부분을 맡고 있다. 그래서 종교 사상에 특별히 한 개의 장을 할애하지 않을 수 없다.

종교적 믿음은 언제나 국민의 삶에, 따라서 국민의 역사에 가장 중요한 요소였다. 가장 주목할 만한 역사적 사건들, 그러니까 가장 광범위하게 영향을 끼친 사건들은 신들의 탄생과 죽음이었다. 새로운 종교 사상이 나올 때마다, 새로운 문명이 세상 속으로 탄생한다. 현대와 고대를 불문하고 인류 역사 전반에 걸쳐서, 근본적인 물음은 언제나 종교에 관한 것이었다. 만약에 인간이 모든 신들을 죽도록 내버려둘 수만 있다면, 결과를 놓고 볼 경우에 그 일은 최초의 문명이 탄생한 이래로 이 지구상에서 일어난 사건들 중에서 가장 중요한 사건으로 꼽힐 것이다.

인류 역사가 시작된 이래로 모든 정치적, 사회적 제도들은 종교적 믿음 위에 세워졌다는 것을, 또 신들이 세계 무대에서 언제나 첫 번째 역할을 했다는 것을 잊지 말아야 한다. 그 자체로는 강력하지만 개인적이고 일시적인 종교라고 할 수 있는 사랑을 제외한다면, 기질에 급속도로 영향을 미칠 수 있는 것은 종교적 믿음뿐이다. 아랍인들의 정복, 십자군 운동, 종교 재판이 벌어지던 때의 스페인, 청교도 시대의 영국, 성 바르톨로메오제(祭)의 학살[41]이 일어나던 때의 프랑스, 그리고 혁명 전쟁들은 국민이 자신이 만든 괴물들에 의해 광적으로 변할 때에 어떤 일이 일어날 수 있는지를 보여준다. 이 괴물들은 일종의 영구 최면 효과를 발휘한다. 이 효과가 너무나 강하기 때문에 정신적 구조 자체가 깊이 바뀐다. 의

....
41   프랑스에서 1572년 8월에 가톨릭교도가 위그노(칼뱅주의 프로테스탄트)를 학살한 사건을 일컫는다.

심할 여지도 없이, 신들을 창조한 것은 인간이며, 인간은 자신이 창조한 신들의 노예가 되어 버렸다. 신들은 두려움의 산물이 아니라, 루크레티우스(Lucretius)[42]가 단언하듯이 희망의 산물이며, 이런 이유 때문에 신들의 영향력은 영원할 것이다.

신들이 인간에게 내리는 선물은 행복을 가능하게 하는 마음 상태이며, 그것은 지금까지 신들만이 인간에게 줄 수 있었던 선물이다. 어떤 철학도 지금까지 그런 성취를 이루지 못했다.

모든 문명과 철학, 종교의 목적이 어떤 마음 상태를 낳는 것은 아니지만, 그런 것들의 영향으로 어떤 마음 상태가 생긴다. 그러나 이 마음 상태들 중에서 어떤 상태는 행복을 암시하는 반면에 어떤 상태는 행복을 암시하지 않는다. 행복은 외적 상황과 거의 관계가 없으며, 우리의 정신의 성향에 크게 좌우된다. 화형 기둥에 묶였던 순교자들이 아마 그들을 처형한 사람들보다 더 행복했을지도 모른다. 특별한 보살핌을 받지 못하는 상태에서 마늘을 바른 딱딱한 빵 한 조각을 먹는 거리의 청소부가 수만 가지 고민에 시달리는 백만장자

....
42   B.C. 1세기에 활동한 고대 로마의 시인이자 철학자.

보다 무한히 더 행복할 수 있다.

불행하게도, 문명의 진화는 현대인이 다양한 욕구를 느끼도록 만들었다. 그 욕구를 충족시킬 수단은 주지 않으면서 말이다. 문명의 진화는 이런 식으로 전반적으로 불만을 고조시켰다. 문명은 틀림없이 진보의 어머니이지만, 문명은 마찬가지로 사회주의와 무정부주의의 어머니이기도 하다. 사회주의와 무정부주의는 더 이상 어떤 믿음의 뒷받침도 받지 못하게 된 대중의 절망을 무섭게 표현하고 있는 것에 지나지 않는다. 자신의 운명에 만족하지 못한 가운데 자제력을 잃고 초조해 하는 유럽인과 언제나 자신의 운명에 만족하는 동양인을 비교해 보라. 영혼의 상태가 다르지 않다면 둘이 어떤 점에서 다를까? 국민이 변화하는 때는 인식의 유형이, 따라서 사고의 유형과 행동의 유형이 변하는 때이다.

사회의 중요한 의무는 인간을 행복하게 만드는 마음 상태를 창조할 수단을 발견하려고 노력하는 것이다. 그 마음 상태가 오랫동안 이어질 수 없는 단점을 안고 있음에도 말이다. 현재까지 건설된 사회들은 모두 인간의 영혼들을 지배할 수 있는 이상을 그 바탕으로 삼았으며, 이 이상이 인간의 영혼들을 더 이상 종속시킬 수 없게 되자마자, 사회들은 언제나 사라졌다.

현대의 중대한 실수 중 하나는 인간의 영혼이 행복을 발견할 수 있는 곳은 오직 외적인 것뿐이라는 믿음이다. 행복은 우리 안에 있고 우리 자신에 의해 창조되며, 행복이 우리 밖에 있는 경우는 극히 드물다. 과거 시대의 이상들을 파괴한 뒤, 우리는 지금 이상 없이 살아가는 것은 불가능하다는 사실을, 또 계속 존재하려면 그 이상들을 대체할 비결이 발견되어야 한다는 사실을 깨닫고 있다.

인류의 진정한 은인들, 말하자면 국민이 거대한 황금 조각상으로 그 이름을 기릴 만한 인물들은 바로 이상을 창조하는 사람들이다. 이런 유능한 인물을 인류는 아주 드물게 배출한다. 그들은 최면 효과가 대단히 강한 괴물들을 불러냈으며, 이 괴물들은 인간이 자신의 운명의 우울한 측면을 보지 못하도록 숨기는 한편으로 인간을 위해서 꿈과 희망이 넘치는 마법의 피난처를 창조했다.

순전히 정치적인 관점에서만 봐도, 종교적 믿음의 영향이 어마어마하다는 것이 확인된다. 종교적 믿음이 압도적인 힘을 발휘할 수 있는 것은 그것이 일시적으로 한 국민을 이해관계와 감정과 사상 등을 공유하는 절대적 공동체로 만들어주는 유일한 요소라는 사실에 있다. 이런 식으로, 종교적 정신은 한 국민의 영혼을 형성하는 데 필요한, 대를 내려가며 이뤄지는 느린 축적을 단번에 대체해 버린다. 어떤 믿음에 종속된 국민이 정신적 구조를 반드시 바꾸는 것은 아니겠지만, 그래도 그 국민은 모든 기능을 동일한 목적, 즉 그 믿음의 승리 쪽으로 향하도록 할 것이다. 이 같은 사실 한 가지 때문에, 그 국민의 힘은 가공할 만하게 된다. 국민이 일시적으로 변화하면서 놀라운 성취를 이루고 역사에 길이 남을 제국을 건설하는 때는 바로 열렬한 신앙의 시대이다. 마호메트의 사상에 의해 통합된 몇몇 아랍 부족들이 불과 몇 년 만에 그들의 이름조차 모르고 있던 나라들을 정복하고 거대한 제국을 건설한 것이 아주 좋은 예이다.

고려해야 할 것은 믿음의 질(質)이 아니라, 믿음이 인간들의 영혼에 행사하는 영향력이다. 신앙의 대상이 된 신이 몰록[43]인가 아니면 그보다 더 야만적인 신인가 하는 것은 전혀 중요하지 않다. 옹졸하고 야만스러운 신일수록 오히려 이름이 더 높다. 지나치게 관대하거나 지나치게 온순한 신들은 숭배자들에게 힘을 전혀 주지 못한다. 엄격한 마호메트의 신

....
43   셈 족의 신으로 아이를 제물로 받았다고 한다.

도들은 오랫동안 세계의 아주 넓은 지역을 지배했으며 지금도 여전히 가공할 만하다. 반면에 온화한 부처의 신도들은 지속적인 제국 같은 것은 전혀 건설하지 못했으며 이미 역사에 잊히고 있다.

그렇다면 종교적인 정신이 국민들의 존속에 정치적으로 대단히 중요한 역할을 했다고 볼 수 있다. 왜냐하면 짧은 시간 안에 국민의 기질에 영향을 행사할 수 있는 유일한 것이 바로 종교적인 정신이기 때문이다.

신들은 분명 불멸이 아니지만, 종교적인 정신은 영원하다. 종교적인 정신은 잠시 잠들 수 있지만, 새로운 신이 창조되기만 하면 금방 일깨워진다. 한 세기 전에, 그런 종교적인 정신이 프랑스가 무장한 전체 유럽의 공격에 성공적으로 저항할 수 있도록 했다. 세계는 그런 종교적 정신이 성취할 수 있는 것이 어떤 것인지를 눈으로 다시 확인했다. 그 정신은 정말로 그 시대에 창설되어 전체 국민을 고무한 새로운 종교와 다를 바가 없었기 때문이다. 당시에 꽃을 활짝 피웠던 신성(神性)은 틀림없이 너무 약해서 오래 지속되지 못했지만, 이 신성은 존재하는 동안에는 절대적인 영향력을 행사했다.

그러나 종교에 사로잡힌 영혼들을 변화시키는 힘은 다소

단명하다. 믿음이 국민의 기질을 완전히 바꿔놓을 수 있을 만큼 강한 치열성을 상당히 긴 시간 동안 간직하는 것은 드물다. 꿈은 점점 희미해지다가 사라지고, 최면에 걸린 국민은 어느 정도 깨어나고, 그러면 기질의 옛 바탕이 다시 전면으로 부상한다.

믿음이 대단히 강한 경우에도, 믿음이 채택되는 방식과 믿음이 표현되는 방식에서 언제나 그 국민의 기질이 확인된다. 영국과 스페인 또는 프랑스에서 발견되는 똑같은 믿음 사이에도 차이가 얼마나 큰지 모른다. 종교 개혁이 스페인에서 가능했을 것 같은가? 영국이 종교 재판의 그 끔찍한 멍에에 종속되는 것에 동의했을 것 같은가? 개혁된 신앙을 채택한 국민들 사이에서도, 믿음의 최면 효과에도 불구하고 각자의 정신적 구조를 보여주는 근본적인 특성을 간직하고 있는 것이 쉽게 확인되지 않는가? 여기서 말하는 근본적인 특징으로는 독립심과 활력, 추론 습관, 그리고 주인의 법을 예속적으로 따르지 않으려 하는 정신 등이 꼽힌다.

국민들의 정치적, 예술적, 문학적 역사는 그들의 믿음의 산물이다. 그러나 국민들의 믿음은 국민의 기질을 변화시키는 동시에 그 기질의 영향을 크게 받는다. 국민의 기질과 민음들은 그 국민의 운명을 쥔 열쇠들이다. 국민의 기질은 국민의 근본적인 요소라는 점에서는 불변이며, 한 국민의 역사가 언제나 어떤 통일성을 유지하는 것은 바로 이 국민의 기질이 변하지 않기 때문이다. 한편, 믿음들은 변할 수 있으며, 역사가 그렇게 많은 격변을 기록하고 있는 것은 바로 이 믿음들이 변하기 때문이다.

한 국민의 믿음의 상태에 약간의 변화가 있어도 반드시 국민의 존재에 일련의 변형이 일어나게 되어 있다. 앞의 어느 장에서, 18세기의 프랑스인과 17세기의 프랑스인이 많이 달라 보인다는 점이 강조되었다. 틀림없는 일이지만, 이 차이의 기원은 무엇인가? 1세기 동안에, 신학이 과학에 허리를 굽히고, 이성이 전통을 대체하고, 관찰된 진리가 계시를 통해 드러난 진리를 대신한 사실이 바로 그 기원이다. 이런 간단한 인식의 변화에 의해, 어느 한 세기의 양상이 변화했다. 그 변화의 효과를 면밀히 추적한다면, 프랑스 혁명은 그 이후로 일어난 사건들과 지금도 전개 중인 사건들과 더불어 단순히 종교적인 사상들의 진화에 따른 결과라는 것이 드러날 것이다.

게다가, 만약에 현재 우리의 옛 사회가 그 토대부터 비틀

거리며 모든 제도가 깊이 흔들리고 있다는 것을 발견한다면, 그 이유는 그 사회가 지금까지 존립의 토대가 되어 주었던 믿음들을 더 많이 잃고 있기 때문이다. 옛 사회가 그 믿음들을 완전히 상실할 때, 새로운 신앙에 토대를 둔 새로운 문명이 틀림없이 옛 문명의 자리를 차지할 것이다. 민족들은 자신의 신들이 사라지고 나면 오랫동안 살아남지 못한다는 점을 역사는 보여주고 있다. 신과 함께 태어난 문명은 그 신과 함께 죽는다. 죽은 신의 유해만큼 파괴적인 것은 없다.

3장
위대한 인물들은 국민의 역사에서 어떤 역할을 하는가

민족들의 등급과 분화를 연구할 때, 유럽인들과 동양인들의 가장 두드러진 차이가 유럽인들만이 탁월한 인간들로 구성된 엘리트 집단을 두고 있다는 점이라는 사실이 드러났다. 이제 이 엘리트들의 역할의 한계를 간단히 보도록 하자.

문명화된 국민이 가진, 탁월한 사람들로 이뤄진 작은 집단은 그 민족이 가진 힘들을 진정으로 구현한다. 과학과 예술, 산업, 한마디로 말해 문명의 모든 분야에서 실현되는 발전은 바로 이 집단 덕분이다.

역사는 인류의 모든 발전이 바로 두드러진 이 엘리트 집단에 의해 이뤄진다는 점을 보여주고 있다. 대중은 이런 발전에 따른 혜택을 누리면서도 자신들이 추월당하는 것을 달가워하지 않으며, 위대한 사상가들과 발명가들은 종종 대중에게 희생된다. 그럼에도 한 민족의 모든 세대들과 모든 과거는 그 민족의 경이로운 꽃인 이들의 눈부신 천재성을 통해서 활짝 피어난다. 그들이야말로 한 나라의 진정한 영광이며, 그 나라의 국민은 가장 미천한 사람들까지도 그들을 자랑스럽게 여길 자격이 있다.

엘리트 집단은 우연히 나타나거나 기적처럼 나타나는 것이 아니라 어떤 긴 과거의 정점을 상징한다. 그들은 그 시대의 위대성과 민족의 위대성을 통합시킨다. 그들의 산물과 발달을 소중히 여기는 것은 곧 인류가 혜택을 누리게 될 그 발전의 성취를 소중히 여긴다는 뜻이다.

만약에 보편적인 평등이라는 꿈 때문에 지나치게 맹목적인 존재가 되어 세상을 제대로 보지 못하게 된다면, 우리 자신이 바로 그 같은 태도의 첫 번째 희생자가 될 것이다. 평등은 뒤에 열등을 달고 다닌다. 평등은 지극히 평범한 사람들이 꾸는 따분하고 압제적인 꿈일 뿐이다. 평등은 오직 야만적인 시대에만 실현될 수 있다. 평등이 세상에서 지배적인 위치에 서기 위해선, 한 민족을 가치 있게 만드는 모든 것을 점진적으로 그 민족 중에서 성취를 가장 적게 이룬 사람들의 수준으로 떨어뜨릴 필요가 있다.

그러나 탁월한 인간들이 문명의 발달에서 하는 역할이 상당함에도 불구하고, 일반적으로 사람들은 그런 식으로 말하지 않는다. 되풀이 말하지만, 탁월한 사람들의 행위는 한 민족의 모든 노력을 통합시키는 것이다. 그들의 발견은 언제나 그때까지 길게 이어져오는 발견들의 결과이다. 그들은 다른 사람들이 오랜 세월에 걸쳐 다듬어 놓은 돌들을 갖고 어떤 건물을 짓는다. 대체로 사고방식이 매우 단순한 역사학자들은 언제나 각각의 발명과 어느 한 사람의 이름을 연결시키는 것이 합당하다고 생각해 왔다. 그럼에도 세계를 바꿔놓은 위대한 발명들, 예를 들면 인쇄술과 화약, 증기 또는 전신 같은 것들 중에서 단 한 사람의 뇌에 의해 창조되었다고 말할 수 있는 것은 하나도 없다. 이런 종류의 발견들을 대상으로 그 기원을 추적 연구하면, 그것들이 일련의 예비적인 노력이 길게 이어진 결과라는 사실이 언제나 확인된다. 최종적인 발명은 오직 그 노력의 정점에 지나지 않는다. 갈릴레오(Galileo Galilei)가 공중에 걸린 램프의 흔들림을 보고 등시성(等時

性)[44]을 관찰한 것이 선원들이 망망대해에서 길을 정확히 찾을 수 있도록 하는 크로노미터가 발명될 길을 열어주었다. 포격 능력은 그리스 화약[45]이 느리게 변화한 결과였다. 증기 기관은 일련의 발명들의 총합이며, 증기 기관을 낳은 발명들은 저마다 엄청난 노력을 요구했다. 고대 그리스인이라면 아르키메데스(Archimedes)보다 백배 더 많은 재능을 소유한 사람일지라도 기관차의 엔진을 결코 발견할 수 없었을 것이다. 설령 고대 그리스인이 그것을 발견했다 하더라도, 그 발견은 그 사람에게 아무 소용이 없었을 것이다. 그가 엔진을 조립하기 위해서는 역학이 필요한 발전을 이룰 때까지 기다려야 했을 것이기 때문이다. 그 발전을 성취하는 데 2,000년의 노력이 필요했다.

위대한 정치인들의 정치적 역할은 겉으로 보기에 과학 분야에 비해 과거로부터 많이 독립되어 있는 것처럼 보이지만, 그럼에도 불구하고 정치인들의 역할도 위대한 발명가들만큼이나 과거에 의존하고 있다. 국민들의 정치적 존재를 변화시킨, 인간들의 막강한 지도자들이 발하는 광휘에 눈이 어두

....
44   진자의 주기가 진폭의 크기나 추의 질량과 관계없이 일정한 특성을 말한다.
45   7세기에 동로마 제국이 적의 선박에 불을 붙이는 데 사용한 무기.

워진 나머지, 헤겔(Georg Friedrich Hegel)이나 쿠쟁(Victor Cousin), 칼라일(Thomas Carlyle) 같은 저자들은 그런 정치인들을 반(半) 신으로 만들기를 원했다. 훌륭한 지도자들이 다른 도움을 전혀 받지 않은 상태에서 자신의 천재성만으로 국민의 운명을 바꿔놓았다는 식으로 본 것이다. 틀림없이, 정치 지도자들은 한 사회의 진화에 영향을 미칠 수 있지만, 그 사회가 진화하는 방향을 바꿔놓는 임무는 그들에게 주어지지 않았다. 크롬웰이나 나폴레옹 같은 사람의 천재성도 사회가 나아가는 방향을 바꾸는 과제를 성취하는 데는 무력하다. 위대한 정복자들은 불과 칼로 도시와 인간, 제국을 파괴할 수 있다. 아이가 예술품이 가득 소장되어 있는 박물관에 불을 지를 수 있는 것과 별로 다르지 않다. 그러나 이런 파괴적인 힘이 그들의 역할과 관련해서 우리를 속이는 일은 없어야 한다. 위대한 정치인들의 영향은 카이사르(Gaius Julius Caesar)나 리슐리외의 경우처럼, 그들이 당시의 필요와 부합하는 어떤 방향을 제시하려고 노력할 때에만 지속될 수 있을 뿐이다. 그들이 성공할 수 있었던 진정한 원인은 일반적으로 그들보다 앞에 있다. 카이사르가 2세기나 3세기 앞서서 그런 시도를 했더라면, 그는 위대한 로마 공화국이 한 통치자의 법을 받아들이도록 만들지 못했을 것이다. 리슐리외도 2세기나 3세기 앞서서 그런 시도를 했더라면 마찬가지로 프랑스의 통일을 성취하지 못했을 것이다. 정치에서 진정으로 위대한 인간들은 곧 드러날 시대의 필요를 미리 예감하고 동료들에게 나아갈 방향을 제시할 줄 아는 사람들이다. 이 방향은 아마 누구에게도 분명하게 보이지 않았을 것이지만, 진화의 불가피성이 곧 작용하게 되고, 그러면 국민의 운명은 일시적으로 이런 막강한 천재들의 손아귀에 좌우된다. 위대한 정치가들도 위대한 발명가들처럼 그 앞에 오랫동안 이어진 진화의 결과들을 종합한다.

위대한 인간들의 다양한 범주들 사이에 나타나는 이런 유사성을 지나치게 멀리 끌고 가면 안 된다. 발명가들은 어느 문명의 미래 발전에 중요한 역할을 맡지만 국민의 정치적 역사에서는 직접적인 역할을 전혀 맡지 않는다. 쟁기에서부터 전신에 이르기까지, 인류 공통의 유산인 이런 중요한 발견들을 이룬 탁월한 인간들은 종교를 창설하거나 제국을 정복하는 데 필요한, 말하자면 역사의 얼굴을 두드러지게 변화시키는 데 필요한 기질적 특징들을 전혀 갖추지 않았다. 사상가는 문제들의 복잡성에 대해 너무나 잘 알고 있기 때문에 매우 강한 확신을 품지 못하며, 그런 그에게 실현할 가치가 있는 정치적 목표는 거의 없어 보인다. 발명가들은 장기적으로 문명을 바꿔놓을 수 있지만, 종교나 제국을 창설할 수 있는 사람은 오직 광신자들, 다시 말해 얄팍한 지성에 활력적인 기질과 강력한 열정을 가진 사람들뿐이다. 은둔자 피에르(Pierre l'Ermite)[46] 같은 인간의 명령에, 수백 만 명이 동양에 맞서 자신을 던지겠다고 나섰다. 마호메트 같은 착각에 빠진 광신자의 말이 고대 그리스 로마 세계를 상대로 승리를 거둘 수 있는 그런 힘을 창조해냈다. 루터(Martin Luther) 같은 무명의 수도사가 유럽을 피로 물들였다. 갈릴레오나 뉴턴의 목소리는 대중 사이에 메아리를 전혀 일으키지 못할 것이다. 천재 발명가들은 문명의 행진을 촉진하고, 광신자들과 환각에 빠진 사람은 역사를 창조한다.

책들에 쓰여 있듯이, 역사라는 것이 인간이 어떤 이상을 창조하고, 숭배하고, 그런 다음에 그것을 파괴하려고 벌이는 투쟁들에 관한 긴 이야기가 아니면 달리 무엇이겠는가? 그리고 과학의 눈에, 그런 이상들이 사막의 움직이는 모래들 위로 빛이 작용하여 일어나는 헛된 신기루 그 이상의 가치를

....
46 1차 십자군운동을 주동한 인물 중 하나(1050?-1115).

지니는가?

그럼에도 세상에서 가장 광범위하게 영향을 미친 사람들은 이런 신기루들을 창조하고 선전하는 사람들, 말하자면 착각에 빠진 사람들이다. 그들은 지금도 무덤 속 깊은 곳에서 자신의 사상을 민족의 영혼에 멍에로 씌우면서 국민들의 기질과 운명에 영향을 미치고 있다. 그들의 역할의 중요성을 간과해서도 안 되지만, 동시에 그들이 자신의 민족과 시대의 이상을 무의식적으로 구체화하고 표현했기 때문에 그런 과업을 성공적으로 성취할 수 있었다는 것도 잊지 말아야 한다. 국민은 자신들의 꿈을 구현하는 사람만을 따르게 되어 있다. 유대인들에게 모세는 이집트인들의 채찍 아래에서 노예 생활을 하는 동안에 간절히 바랐던 해방에 대한 욕망을 상징했다. 부처와 예수는 당대의 끝없는 고통을 생생하게 느끼고 자비와 동정에 대한 욕구를 종교적으로 승화시켰다. 마호메트는 믿음의 통합이라는 방법을 통해서, 수천 개의 부족으로 갈라져 있던 민족의 정치적 통합을 성취했다. 천재 군인인 나폴레옹은 군사적 영광과 허영, 혁명 선전이라는 이상을 구현했으며, 이 세 가지는 당시에 그가 거친 모험을 추구하며 15년 동안 유럽 전역으로 끌고 다녔던 프랑스 사람들의 특징이었다.

그렇다면 세계를 지배하는 것은 곧 사상이라고 할 수 있다. 달리 말하면 사상을 구현하고 선전하는 사람들이 세계를 지배한다는 뜻이다. 사상의 승리는 그것이 착각에 빠진 사람들이나 광신자들에 의해 옹호될 때 가장 확실하다. 그 사상이 진리인가 거짓인가 하는 문제는 거의 중요하지 않다. 역사는 가장 열광적인 추종자를 거느리고 대단히 중요한 역할을 했던 것이 터무니없을 만큼 괴상한 사상들이었다는 사실을 가르치고 있다. 지금까지 세계가 혼란에 빠진 것도, 불멸일 것 같던 문명들이 파괴된 것도, 다른 문명들이 건설된 것도 터무니없는 괴물들의 이름을 통해서였다. 영혼이 가난한 자들이 산을 움직이는 신앙을 가질 경우에 속하는 곳은 복음서가 가르치는 바와 달리 하늘의 왕국이 아니라 땅의 왕국이다. 열광자들이 단 하루 만에 창조한 것을 파괴하는 데 종종 몇 세기의 노력을 기울여야 하는 철학자들은 그런 재주를 부리는 열광자들에게 머리를 조아려야 한다. 열광자들은 세상의 운명을 결정하는 신비로운 힘들의 한 부분을 이루고 있다. 그들은 역사가 그 과정을 기록하고 있는 사건들 중에서 가장 중요한 것을 결정했다.

틀림없이 그들은 망상을 선전했을 뿐이지만, 인류가 지금까지 존재의 바탕으로 삼아왔고 앞으로도 틀림없이 존재의 바탕으로 삼을 것은 그런 망상들이다. 이 망상들은 정말로 가공할 만하고 유혹적이고 헛되다. 이 망상들은 단순히 그림자들이지만, 그럼에도 그것들은 존중되어야 한다. 그것들 덕분에 우리 조상들은 희망이 무엇인지를 알았고, 그들은 이 그림자들을 영웅적으로 추구하는 과정에 우리를 원시적인 야만의 상태에서 오늘날과 같은 상태로 끌어올려 놓았다.

문명의 발달에 영향을 미치는 모든 요소들 중에서, 아마 망상이 가장 막강할 것이다. 피라미드를 건축한 것도 하나의 망상이었고, 5천 년 동안 이집트를 거대한 석조 기념물로 덮게 만든 것도 망상이었다. 중세에 거대한 성당을 건설한 것도 하나의 망상이었고, 서구 세계가 어느 무덤의 소유권을 놓고 동양과 분쟁을 벌이도록 유혹한 것도 망상이었다. 인류의 반에게 영향력을 행사하는 종교들을 창설한 것도, 또 거대한 제국을 건설하고 파괴한 것도 망상들을 추구한 결과였다. 인류가 가장 큰 노력을 기울인 곳은 진리 추구가 아니라 착각의 추구였다. 인류는 계획했던 터무니없는 목표들을 성취하지는 못했지만, 인류가 전혀 생각하지 않은 그런 모든

발전을 실현시킨 것은 그런 터무니없는 목표들에 닿으려고
노력하는 가운데 이뤄졌다.

5부

민족 기질의 해체와
민족의 쇠퇴

1장
문명은 어떻게 사라지는가

    심리학적 종(種)은 영원하지 않다. 해부학적 종이 영원하지 않은 것과 똑같다. 종이 특징을 줄기차게 지켜나가게 하는 환경의 조건들은 영원히 지속되지 않는다. 환경에 변화가 생기면, 그 환경이 결정했던 정신적 기질의 요소들은 최종적으로 퇴행적인 변형을 겪게 되며, 이 변형은 그 요소들의 사라짐으로 이어진다.

    육체의 세포뿐만 아니라 뇌의 세포에도 적용되고 또 모든 존재들에서 관찰되는 생리학적 법칙에 따라서, 신체 장기들은 형성에 필요했던 시간에 비하면 터무니없을 만큼 짧은 시간 안에 사라진다. 기능을 충분히 발휘하지 않는 신체 장기들은 예외 없이 곧 그 기능을 중단한다. 동굴 속의 호수에 사는 물고기들의 눈은 시간이 조금 지나면 시력을 잃으며, 그러면 이 결점은 결국 유전적인 요소가 된다. 정말이지, 관찰을 개인의 짧은 일생으로 국한시키더라도, 느린 적응과 유전적 축적을 통해서 형성에 수천 세기가 걸렸을 수 있는 신체 장기도 사용하지 않으면 놀랄 정도로 빨리 쇠퇴하는 것이 확인된다.

인간 존재들의 정신적 구조도 이 생리학적 법칙들을 피하지 못한다. 이용되지 않는 뇌세포는 기능을 수행하는 것을 중단하며, 그러면 형성에 몇 세기가 걸렸을 정신적 경향들이 즉시 사라지고 말 것이다. 용기와 진취 정신, 활력, 모험심 등 기질의 다양한 자질은 획득하기까지 매우 긴 세월이 걸리지만, 더 이상 활용되지 않게 되는 경우에 아주 빨리 사라져 버린다. 이 같은 사실은 어느 국민이 높은 수준의 문화에 이르기까지 언제나 아주 긴 세월이 걸리는 이유와 일부 국민들이 아주 짧은 시간 안에 쇠퇴의 나락으로 떨어지는 이유를 설명해준다.

역사가 관심을 두고 있는, 다양한 민족들이 연이어 망하도록 만드는 원인들을 면밀히 조사해 보라. 그러면 페르시아인이든 로마인이든 다른 민족이든 상관없이, 민족의 추락을 낳은 근본적인 요소가 언제나 기질의 쇠퇴로 인한 정신적 구조의 변화라는 사실이 확인될 것이다. 지성의 쇠퇴로 인해 사라진 민족의 예를 나는 하나도 떠올리지 못한다.

과거의 문명들이 서로 다 달랐을 것임에도 불구하고, 해체의 메커니즘은 다 똑같다. 같아도 너무 똑같다. 그래서 시인에게 이렇게 물어볼 수도 있을 것 같다. 헤아릴 수 없이 많은 책이 나와 있는 역사를 단 한 페이지로 줄이는 것이 가능하지 않으냐고.

어느 국민이 이웃 국가들의 공격에 더 이상 노출되지 않을 것이라는 확신을 품을 만큼 높은 문명과 권력에 도달한다고 가정해 보자. 그때부터 이 국민은 평화를 누리고 부(富)를 통해 확보한 물질적 행복을 즐기기 시작할 것이다. 바로 이 시점에서 군사적 미덕은 약해지고, 문명의 과잉이 새로운 필요를 창출하고, 이기주의가 강화된다. 급히 획득한 혜택을 서둘러 즐기는 것 외에 다른 이상이 전혀 없는 상태에서, 시민들은 공무(公務)에 대한 관심을 아예 국가에 넘겨버리고 자신들을 위대하게 만든 자질들을 곧 모두 잃게 된다. 그때 이웃에 있던 야만인 또는 반 야만인들은 여전히 필요는 극히 적지만 어떤 이상에 매우 강하게 집착하고 있는 상태이다. 이 이웃들이 문명화된 국민을 침공하고, 그들은 자신이 무너뜨린 그 민족의 잔해를 갖고 새로운 문명을 형성하려고 노력할 것이다. 고대 로마인과 페르시아인이 가공할 만한 조직을 갖추었음에도 불구하고, 야만인들이 로마 제국을 파괴하고 아랍인들이 페르시아 제국을 파괴한 것은 바로 이런 식이었다. 침공당한 민족이 결여하고 있었던 것은 지력에 속하는 자질들이 아니었다. 지력이라는 관점에서 본다면, 정복자들과 피정복자들 사이에 어떤 비교도 가능하지 않다. 고대 로마가 가장 많은 수의 교양인과 예술가, 문학가, 지식인들을 자랑하고 있을 때, 이미 거기엔 다가올 쇠퇴의 씨앗이 잉태되어 있었다. 고대 로마의 위대성을 떨쳤던 작품들 거의 모두가 바로 그 시기에 나왔다. 그러나 그때 고대 로마 제국은 어떠한 지성의 발달도 대체할 수 없는 근본적인 요소를 상실한 상태였다. 그 요소란 바로 기질이었다.

그 옛날의 로마인들은 필요한 것이 매우 적었고, 매우 강한 이상을 품고 있었다. 로마의 위대함이라는 이상이 로마인들의 영혼을 완전히 지배했으며, 각 시민은 이 이상을 위해 자신의 가족과 재산, 생명을 바칠 준비가 되어 있었다. 로마가 세계의 기둥이 되고 세상에서 가장 부유한 도시가 되었을 때, 모든 나라에서 외국인들이 환호성을 지르며 로마로 밀려들었다. 로마는 최종적으로 이 외국인들에게 시민권을 부여했다. 외국인들이 요구한 것은 로마의 사치를 즐길 수 있도록 해 달라는 것뿐이었다. 그렇기 때문에 이 외국인들은 로마의 영광에는 거의 관심이 없었다. 이어서 위대한 도시 로마는 대상(隊商)의 거대한 숙소 같은 곳이 되었지만 더 이상 옛날의 로마는 아니었다. 로마는 여전히 생생하게 살아 있는 것처럼 보였지만 로마의 영혼은 오래 전에 죽은 상태였다.

이와 비슷한 쇠퇴의 원인들이 지나치게 세련된 우리 문명을 위협하고 있다. 그러나 우리 문명은 현대의 과학적 발견에 의해 인간들의 마음속에 일어난 변화로 생긴 다른 원인들로부터도 협박을 받고 있다. 과학은 우리의 사상을 새롭게 다시 다듬었으며, 우리의 종교적 및 사회적 개념들로부터 모든 권위를 박탈해 버렸다. 과학은 인간이 우주에서 차지하고 있는 위치가 아주 초라하다는 점, 자연은 인간에게 완전히 무관심하다는 점을 보여주었다. 인간은 그 동안 자유라고 부르곤 했던 것이 실은 자신을 노예로 옭아매고 있는 명분들에 대한 무지에 지나지 않는다는 것을, 그리고 살아 있는 모든 존재들이 피할 수 없는 필연의 바퀴 속에서는 오히려 예속되는 것이 자연스런 조건이라는 것을 깨달았다. 인간은 또 자연은 우리 인간이 동정이라고 부르는 것을 모른다는 사실을, 인간이 실현한 모든 진전은 강한 자가 약한 자를 영원히 짓밟게 되는 선택의 무자비한 과정 때문이라는 것을 배웠다.

우리 조상들을 사로잡았던 옛 믿음들의 가르침과 너무나 모순되는 이런 거칠고 냉혹한 개념들은 인간들의 영혼에 불길한 갈등을 낳았다. 이 개념들은 평범한 사람들의 머릿속에 사상의 심각한 혼란 상태를 낳았으며, 이런 상태가 마치 현대인의 특징처럼 보인다. 이 개념들은 젊은 세대의 예술가와 문학가들 사이에 의지에 치명적인 상처를 안기는 일종의 불만 섞인 무관심을 낳고, 어떤 명분이든 열정적으로 끌어안지 못하는 무능력을 낳고, 즉시적이고 개인적인 이해관계에 대한 절대적 숭배를 낳았다.

어느 현대 작가가 "상대성 개념이 현재의 사상을 지배하고 있다"는 취지로 반성하는 내용에 대해 논평하면서, 공적 교육과 관련있는 어느 장관은 연설에서 "인간 지식의 모든 분야에서 상대적인 사상들이 추상적인 개념들을 대체한 것이 과학의 가장 위대한 정복이다."라고 만족스런 표정으로 선언했다. 새로운 것으로 선언된 이 정복은 실은 매우 오래 전에 이뤄졌다. 인도의 철학자들에 의해 수 세기 전에 성취 되었다. 그 같은 현상이 지금 힘을 얻고 있다고 해서 너무 들 뜨지 않도록 하자. 현대 사회의 진정한 위험은 바로 인간들 이 자신의 토대 역할을 했던 원리들의 가치에 대한 확신을 상실했다는 사실에 있다. 인류 역사 속에서 상대적 가치만을 갖는 원리들을 토대로 스스로를 지킬 수 있었던 문명이나 제 도, 믿음의 예를 하나라도 찾을 수 있는가? 나는 심히 의심스 럽다. 게다가 만약에 미래가 이성이 저주하는 그런 사회주의 원칙들에 속하는 것처럼 보인다면, 그것은 지지자들이 절대 적 진리라는 이름으로 말하고 있는 유일한 것이 오늘날 사회 주의 원리들이기 때문이다.

　대중은 언제나 자신들에게 절대적 진리라고 말하는 사람 들에게 귀를 기울이고 그 외의 다른 모든 것을 무시한다. 한 사람의 정치인이 되기 위해선, 다수의 영혼을 꿰뚫어보고, 그들의 꿈을 이해하고, 철학적인 추상 관념을 부정할 줄 아 는 능력이 필요하다. 일들은 자체적으로 변하기도 하지만 아 주 조금밖에 변하지 않는다. 일들을 크게 바꿔놓는 것은 오직 그 일들을 형성시키는 사상뿐이다. 지금 우리에게 필요한 것은 사상에 영향을 미치는 방법을 아는 것이다.

틀림없이, 현실 세계에 대한 우리의 지식은 겉모습에만 국한될 것이고, 거기에 부여하는 가치는 상대적이다. 그러나 사회적 관점에서 보면, 주어진 어느 시대와 주어진 어느 사회가 필요로 하는 생존 조건이 있고, 도덕법이 있고, 절대적인 가치를 지니는 제도가 있다. 왜냐하면 그 사회가 그런 것들을 갖추지 않고는 존속하는 것이 불가능하기 때문이다. 이 가치가 의심의 대상이 되는 순간, 또는 사람들의 마음에 회의(懷疑)가 일어나는 순간, 그 사회는 때 이른 죽음을 맞는 저주를 받는다.

방금 설명한 진리들은 안심하고 주입해도 괜찮다. 과학도 이의를 제기할 수 없는 진리에 속하기 때문이다. 상반되는 언어는 대단히 불행한 결과를 초래할 뿐이다. 현재 권위자들의 목소리를 통해서 약한 정신의 소유자들 사이에 전파되고 있는 철학적 니힐리즘은 우리의 사회 제도가 절대적으로 불공정할 뿐만 아니라 모든 군주제가 부조리하다고 믿도록 유혹하고, 기존의 모든 것을 증오하도록 고무함으로써 그들을 곧장 사회주의와 무정부주의로 이끌고 있다. 현대의 정치인들은 제도의 영향에 대해서는 지나치게 쉽게 설득당하면서도 사상의 영향에 대해서는 지나칠 만큼 설득을 당하지 않는다. 그럼에도 과학은 정치인들을 향해 제도는 언제나 사상의 결과라고, 또 제도는 하나의 토대로 사상에 기대지 않고는 존속하지 못한다고 목소리를 높이고 있다. 사상들은 눈에 보이지 않는, 사물들의 샘들이다. 사상이 사라질 때, 헌법과 문명을 떠받치고 있는 기둥이 파괴된다. 국민의 오래된 사상들이 죽은 신들이 영원히 잠들어 있는 음침한 매장지로 내려갈 때, 그 순간은 그 국민에게 언제나 가공할 만한 순간이었다.

그 효과들을 연구하기 위해서 원인들로부터 추적해 올라가는 과정에, 눈에 드러날 정도로 두드러진 쇠퇴가 위대한 유럽 민족들 대부분, 특히 라틴계 민족으로 알려진 민족들, 그리고 혈연적으로는 아니지만 전통과 교육의 면에서 라틴계로 여겨지는 그런 민족들의 생명력을 위협하고 있는 것이 확인되었다. 그런 민족들은 매일 진취적인 정신과 활력, 의지, 행동 능력을 잃어가고 있다. 지속적으로 커져만 가는 물질적 욕구를 충족시키는 것이 그런 민족들의 유일한 이상으로 자리 잡고 있는 것이 보인다. 가족은 해체되고 있고, 사회적 샘들은 고갈되고 있다. 가장 부유한 계층에서부터 가장 빈곤한 계층에 이르기까지, 불만과 동요가 사회 전반으로 퍼지고 있다. 나침반을 잃고 바람 부는 대로 운에 맡기며 떠다니는 배처럼, 현대인은 예전에 신이 거주하는 곳으로 여겨지다가 과학에 의해 황야라는 이름으로 불리게 된 공간들을 정처 없이 방황하고 있다.

현대인은 믿음을 잃었고, 그리하여 희망까지 잃었다. 대중은 너무 쉽게 감명을 받고, 변덕스럽고, 더 이상 어떤 장벽에도 갇히지 않고 있으며, 더없이 혼란스런 무정부주의와 대단히 압제적인 독재 사이를 끊임없이 오가는 운명에 처한 것처럼 보인다. 겉보기에 대중은 자유를 열렬히 갈망하는 것처럼 보이지만, 실제로 보면 그들은 자유를 조금도 누리지 않고 있으며 국가에 사슬로 묶어달라고 대놓고 호소하고 있다. 대중은 대단히 모호한 광신자들에게도, 편협하기 짝이 없는 독재자들에게도 맹목적으로 복종한다.

수사학자들은 자신들이 대중을 이끌고 있다고 상상하지만 실은 대개 대중에 영합하고 있을 뿐이다. 그들은 지배자를 교체하길 원하는 끝없는 욕망에서 배출구를 찾고 있는 안달이나 초조와, 어떠한 지배자든 조롱하는 그런 진정한 독립심을 혼동하고 있다. 명목상의 체제를 불문하고, 국가는 모든 당(黨)들이 기대고 있는 신 같은 존재이다. 모두가 국가에게 규제하고 보호해 달라고 호소하고 있다. 그 정도가 날이 갈수록 더 심해지고 있다. 그렇다 보니 대단히 사소한 존재의 행위까지도 아주 비밀스럽고 전제적인 느낌을 주는 형식에 매이게 되었다.

젊은 세대일수록 판단력과 진취적 정신, 활력, 개인적 노력과 의지를 요구하는 경력을 거부하는 경향을 더 강하게 보이고 있다. 책임이 조금만 따라도 젊은 세대들은 깜짝 놀란다. 젊은 세대들은 국가가 급여를 지급하는 일자리의 평범한 미래에 만족하고 있다. 상업 계층은 공무원들만 거주하는 식민지를 무시하고 있다. 활력과 행동이 정치인들 사이에서는 공허하기 짝이 없는 개인적 토론으로 대체되고, 대중들 사이에선 일시적인 열정이나 증오로 대체되고, 문필가들 사이에선 일종의 무익한 감상주의와 존재의 불행에 관한 생기 없는 논문으로 대체되고 있다. 모든 면에서 이기주의가 무한히 발달하고 있다. 개인은 오직 자기 자신에게만 몰두하고 있다. 양심은 저항을 포기하고 있고, 도덕성은 약화되다가 점점 사라지고 있다. 개인은 자신에 대한 지배력을 완전히 잃고 있다. 개인은 더 이상 자신을 통제하지 못하며, 자신을 통제하

지 못하는 사람은 불가피하게 곧 다른 사람의 지배를 받게
되어 있다.

이 모든 것을 바꿔놓는 것은 대단히 어려운 과제다. 무엇
보다 먼저, 통탄스런 라틴식 교육을 바꿀 필요가 있다. 라틴
식 교육은 유전적 특징 때문에 남아 있을 수 있는 진취적 정
신과 활력에 치명적이다. 그런 교육은 젊은이들에게 지긋지
긋한 시험을 유일한 이상으로 제시함으로써 지적 독립의 경
향을 아예 싹부터 잘라버린다. 이 시험들은 암기 노력만 요
구하기 때문에 모방하려는 예속적 태도가 특징으로 꼽히는,
지력과 관련 있는 직업을 최고의 자리에 올려놓는다. 개성
과 개인적 노력을 깡그리 부정하는 그런 지력 말이다. 기조
(François Guizot)[47]가 영국의 학교를 방문했을 때, 영국의 어
느 교사는 그에게 "나는 학생들의 영혼 속으로 철(鐵)을 부
어넣으려고 노력한다."고 말했다. 라틴계 국가들 중에서 교
사나 교육 프로그램이 그런 야망을 실현할 수 있는 나라가
과연 있기나 하는가? 군사정권이라면 아마 그런 야망을 실
현할 것이다. 어쨌든 그런 야망을 실현시킬 수 있는 것은 교
육자뿐이다. 쇠퇴하고 있는 국민을 향상시키는 데 필요한 중

....
47   프랑스 정치가이자 역사가(1787-1874).

요한 조건 중 하나는 매우 엄격한 보편적인 병역과 끊임없는 전쟁 위협이다.

라틴계 민족들의 다수가 무질서뿐만 아니라 독재와도 꽤 무관한 상태에서 자유주의적인 법 아래에서 살면서 어려움을 겪고 있는 이유는 구체적으로 말하면 자기 자신조차 통제하지 못할 정도로 나약해진 시민들의 기질과 이기적인 무관심 때문이다. 자유주의적인 법들이 대중의 입맛에 맞지 않는 것은 쉽게 이해된다. 왜냐하면 '카이사리즘'(césarisme)[48] 이 대중에게 적어도 자유보다 훨씬 더 구미가 당기는, 예속 속의 평등을 약속하기 때문이다. 실은 대중은 자유를 그다지 좋아하지 않는다.

한편, 공화국의 제도들이 가장 계몽된 계층으로부터 가장 큰 반대를 받는 것은 조상 대대로 내려오는 영향의 무게를 고려할 필요성을 배제한다면 좀처럼 이해가 되지 않을 것이다. 모든 종류의 탁월성, 특히 지적 탁월성이 만개할 기회를 가장 많이 누릴 수 있는 것이 바로 그런 제도를 통해서가 아닌가? 어떤 대가를 치르더라도 평등을 이뤄야 한다고 주장

....
48 율리우스 카이사르(Julius Caesar)의 정치 철학을 뜻하는 용어로 19세기에 등장했으며 다양한 뜻으로 쓰이고 있다. 전제 정치, 황제주의 등으로 번역된다.

하는 사람들의 관점에서 본다면, 그런 제도에 대해 진정으로 반대하는 이유는 그것이 막강한 지적 귀족사회의 형성에 유리하게 작용한다는 사실에 있다.

기질과 지성 둘 다에 가장 억압적인 통치 형태는 반대로 다양한 형태의 카이사리즘이다. 카이사리즘을 옹호하며 할 수 있는 말은 그 제도가 퇴화 속에서 평등을 촉진시키고 예속 속에서 겸손을 촉진시킨다는 것뿐이다. 카이사리즘은 쇠퇴하는 국민의 열등한 정신에 아주 적절하며, 쇠퇴하는 국민이 그럴 기회를 갖게 되자마자 곧바로 그 체제로 퇴행하는 이유도 바로 거기에 있다. 그 체제에서 나올 평범한 대중이 그 체제를 채택하는 구실이 될 것이다. 어느 국민이 이런 상황에 이를 때, 그 국민의 시간은 다했고 운명은 끝났다.

이 케케묵은 카이사리즘은 현재 명백한 어떤 진화를 거치고 있다. 지금까지 역사 속에선 문명이 시작하는 초기와 문명이 극도의 쇠퇴를 겪는 때에 카이사리즘이 등장했다. 오늘 우리는 사회주의라는 이름으로 카이사리즘이 다시 부활하는 것을 목격하고 있다. 국가 절대주의를 이런 식으로 새롭게 표현하고 있는 사회주의는 틀림없이 대단히 통탄스런 형태의 카이사리즘일 것이다. 왜냐하면 사회주의가 개인과 관계없는 탓에 최악의 독재자들마저 자제하도록 만든 두려움의 원인들을 모두 피할 수 있을 것이기 때문이다.

사회주의는 오늘날 유럽 국민들을 위협하고 있는 위험 중에서 가장 심각한 위험인 것 같다. 사회주의는 틀림없이 지금 많은 원인들이 야기하고 있는 쇠퇴의 길을 끝까지 걸으며 아마 서양 문명의 종말을 부를 것이다.

사회주의의 위험과 힘을 제대로 평가하기 위해서 고려해야 할 것은 그것이 널리 퍼뜨리고 있는 가르침이 아니라 그것이 고무하고 있는 헌신이다. 사회주의는 곧 고통 받는 대중의 새로운 신앙으로 자리 잡을 것이다. 그런데 대중의 상태는 오늘날 문명의 경제적 조건 때문에 종종, 또 불가피하게 선망의 대상이 될 만한 상태와는 거리가 한참 멀다. 사회주의는 지금 비어 있는 천국에 사람을 채울 그런 새로운 종교가 될 것이다. 착각에 의해서도 벗어나지 못한 불행을 견딜 수 없는 모든 인간들에게, 사회주의라는 종교는 교회들의 스테인드글라스가 과거에 들려주었던 그 빛나는 천국을 대체할 것이다. 미래의 이 거대한 종교적 실체는 현재 독실한 신자들의 숫자가 매일 늘어나고 있는 것을 확인하고 있다. 사회주의는 곧 순교자를 갖게 될 것이고, 그러면 사회주의는 사람들을 선동하는 종교적 교리가 될 것이고, 영혼들에 대한 지배력은 절대적이게 될 것이다.

사회주의 교리가 사회주의를 받아들인 영혼들의 진취적인 정신과 독립을 완전히 파괴해 버릴 그런 예속의 통치 체제를 낳을 것이 너무도 분명하지만, 그런 사실은 인간의 존재 조건을 잘 아는 심리학자들에게만 뚜렷이 보인다. 그 같은 통찰은 대중의 이해력 밖에 있다. 대중을 설득시키려면 다른 차원의 논쟁이 필요한데, 그런 논쟁이 이성에 의해 제시되었던 적은 지금까지 한 번도 없었다.

지금 모습을 드러내고 있는 새로운 교리가 가장 기본적인 양식(良識)과 모순되는 것도 분명하다. 그러나 그렇게 많은 세기 동안에 인간을 안내해 온 종교적 교리도 마찬가지로 양식과 모순되지 않았는가? 또 그 같은 사실이 대단히 총명한 천재들조차도 그 교리들을 받아들이는 것을 막지 못하지 않았는가? 믿음의 문제에서, 인간은 오직 자신의 정서의 무의식적인 목소리에만 귀를 기울인다. 믿음은 언제나 이성이 배제되는 그런 모호한 영역을 형성한다.

정신적 구조가 오랜 과거에 의해 창조된다는 단순한 사실 때문에, 유럽의 민족들은 사회주의라는 가공할 단계를 거치지 않을 수 없을 것이다. 사회주의는 유럽 민족들이 쇠퇴의 마지막 단계들 중 한 단계로 접어든다는 것을 알리는 신호가 될 것이다. 사회주의는 문명이 완전히 열등한 형태의 진화 쪽으로 퇴행하도록 함으로써 지금 유럽을 위협하고 있는 파괴적인 침공을 용이하게 할 것이다.

심리학적 관점에서 보면 주민이 유럽보다는 아시아에 훨씬 더 가까운 러시아 밖에서, 지금 태어나고 있는 새로운 종교에 굴복하지 않을 만큼 충분한 활력과 안정적인 믿음, 충분히 독립적인 기질을 갖추고 있는 민족은 유럽에서 영국인이 유일하다. 현대 독일은 겉보기에 번영을 누리고 있는 것처럼 보임에도 불구하고 틀림없이 사회주의의 첫 번째 희생자가 될 것이다. 독일 국경 안에서 다양한 파벌들이 성공을 거두고 있다는 사실을 근거로 판단하면 그렇다. 틀림없이 그 파괴성을 입증할 사회주의는 두말할 필요도 없이 엄격히 과학적인 언어로 위장하고 기껏해야 인간이 생산을 전혀 하지 않아도 되는 그런 이상적인 사회에서만 가치를 지닐 것이지만, 순수이성의 이 막내 자식은 형들보다 더 옹졸하고 더 가공할 만할 것이다. 사회주의의 멍에를 받아들일 준비가 독일인만큼 잘 되어 있는 민족도 없다. 현재의 민족들 중에서 진취 정신과 독립, 자치의 습관을 독일인만큼 완전하게 상실해 버린 민족이 없는 것이다.

러시아에 대해 말하자면, 러시아는 "미르"(mir)[49] 체제, 즉 가장 완전한 형태의 사회주의인 원시 공산주의 통치 체제에서 벗어난 것이 너무 최근의 일이고 너무 불완전하게 이뤄졌기 때문에 그 진화의 열등한 단계로 돌아가지 못한다. 러시아는 다른 운명을 맞게 되어 있다. 언젠가 서구의 오래된 문명들을 파괴할 야만인들의 홍수를 제공할 나라는 틀림없이 러시아일 것이며, 서구 문명의 종말은 경제적 갈등과 사회주의 때문에 일어날 것이다.

그러나 그 시간은 아직 오지 않았다. 종말의 시간까지 아직 거쳐야 할 단계들이 있다. 사회주의는 지나치게 압제적인 통치 체제라서 오래 지속하지 못할 것이다. 사회주의는 사람들로 하여금 티베리우스(Tiberius)[50]와 칼리굴라(Caligula)[51]의 시대를 그리워하며 그 시대를 다시 불러내게 할 것이다. 사람들은 간혹 황제들이 집권하던 시대의 로마인들은 어떻

....
49   러시아어로 평화 또는 세상을 의미한다.
50   로마 제국의 2대 황제(B,C,42-A.D.37).
51   로마 제국의 3대 황제(A.D.12-41).

게 그런 독재자들의 포악성을 쉽게 지지했는지 궁금해 한다. 이유는 그들도 사회 투쟁과 내전, 인권 박탈 등의 단계를 거쳤으며 그런 경험이 그들에게 기질을 희생시킬 것을 강요했다는 사실에 있다. 그 시대 사람들은 이 독재자들을 자신을 구제하기 위한 최종적 도구로 여기게 되었다. 그들은 독재자들을 대체할 수 있는 방법을 몰랐기 때문에 독재자들에게서 비롯되는 모든 것을 참아냈다. 진실은 그들이 대체될 수 없다는 것이었다. 그들이 떠난 뒤에 야만인들에 의해 최종적 재앙이 벌어졌다. 역사는 언제나 똑같은 사이클로 되풀이된다.

2장

결론

이 책의 서론에서 이미 이 책은 짧게 요약하는 선에서, 말하자면 문명의 역사에 대해 썼던 여러 권의 책을 종합하는 선에서 그칠 것이라는 점에 대해 밝힌 바 있다. 그래서 이 책을 구성하고 있는 각 장은 그 전에 벌였던 조사를 통해 내리는 결론으로 여겨져야 한다. 따라서 이미 아주 간략하게 압축한 것을 추가로 더 압축하는 작업은 매우 어렵다. 그럼에도 나는 시간을 정말 소중히 여기는 독자들을 위해서 이 책의 철학을 담고 있는 근본적인 원리들을 매우 짧은 주장 형식으로 제시할 것이다.

■ 민족은 육체적 특성들 못지않게 불변하는 심리적 특성들을 갖고 있다. 해부학적 종(種)과 마찬가지로, 심리학적 종도 오직 세월에 걸친 축적의 결과로만 변형된다.

■ 불변하는 유전적인 심리적 특성들이 서로 결합하여 민족의 정신적 구조를 형성하는데, 이 심리적 특성들에도 모든 해부학적 종에서와 마찬가지로 다양한 환경에 의해 창조된 부차적인 요소들이 더해진다. 이 부차적인 요소들이 끊임없이 새로워지고 있기 때문에 그 민족에게 어느 정도의 변동성을 부여한다.

■ 한 민족의 정신적 구조는 그 민족을 구성하고 있는, 살아 있는 존재들의 통합을 나타낼 뿐만 아니라 그 민족의 형성에 기여했던 모든 조상들의 통합까지 특별히 나타내고 있다. 한 민족의 존립에 탁월한 역할을 하는 것은 살아 있는 사람들이 아니라 죽은 자들이다. 죽은 자들이야말로 민족의 도덕성의 창조자이자 민족의 품행의 무의식적 원천이다.

■ 다양한 민족들을 서로 구분하게 하는 중요한 해부학적 차이는 그보다 결코 덜 중요하지 않은 심리학적 차이를 수반한다. 각 민족의 평균적인 대표자들만을 서로 비교하면, 정신적 차이는 종종 다소 작은 것처럼 보인다. 그러나 각 민족

의 가장 우수한 요소들을 서로 비교하면, 차이는 엄청나게 벌어진다. 더 구체적으로 보면, 우등한 민족과 열등한 민족을 구분하는 것은 전자가 매우 발달한 정신의 소유자들을 어느 정도 두고 있는 반면에 후자는 그런 정신의 소유자를 전혀 갖고 있지 않다는 사실이다.

■ 열등한 민족을 이루고 있는 개인들은 서로 동등을 분명하게 보인다. 민족의 구성원들은 그 민족이 이룬 문명의 수준에 비례해 더욱더 분화되는 경향을 보인다. 문명의 불가피한 효과는 개인과 민족을 분화시킨다는 점이다. 그 결과, 민족들은 평등 쪽으로 나아가지 않고 오히려 더욱 심한 불평등 쪽으로 나아가고 있다.

■ 한 국민의 삶과 그 국민의 문명의 모든 표현들은 단순히 그 국민의 영혼을 반영하고 있다. 말하자면, 눈에 보이지 않지만 매우 진정한 것인 영혼을 눈에 보이도록 기호로 바꿔놓은 것이 문명의 온갖 표현이라는 뜻이다. 외적 사건들은 단지 그 사건들을 결정하는 숨겨진 구조의 겉면에 불과하다.

■ 한 국민의 역사에서 근본적인 역할을 하는 것은 우연도 아니고 외적 상황도 아니며, 정치 제도는 더더욱 아니다. 국민의 운명을 다듬는 것은 구체적으로 말하면 바로 그 국민의

기질이다.

■ 한 국민의 문명을 이루는 다양한 요소들은 단지 그 국민의 정신적 구조를 외부로 드러내는 기호, 그러니까 그 국민 특유의 감정 유형과 사고 유형을 표현한 것에 불과하기 때문에, 이 요소들은 다른 정신적 구조를 가진 국민들에게 옮겨질 때에는 반드시 변화를 겪게 마련이다. 다른 국민에게 전달될 수 있는 것은 외적이고, 피상적이고, 중요하지 않은 형식뿐이다.

■ 다양한 민족의 정신적 구조들 사이에 존재하는 깊은 차이는 각 민족들이 세상을 매우 다른 눈으로 보도록 만든다. 그 결과, 민족들은 서로 크게 다르게 느끼고 다르게 추론하고 다르게 행동하며, 따라서 민족들은 서로 접촉할 때 모든 문제에서 의견 불일치를 보이게 된다. 역사의 아주 큰 부분을 차지하고 있는 전쟁들의 대부분은 이런 불일치의 결과이다. 정복 전쟁, 종교 전쟁, 왕조 전쟁은 따지고 보면 언제나 민족들 간의 전쟁이었다.

■ 다양한 기원을 가진 인간들의 집단은, 수 세기에 걸쳐 혼혈이 지속적으로 이뤄지고 동일한 조건에서 비슷한 방식으로 살아온 결과로 공통의 감정과 이해관계, 믿음 등을 습

득할 때까지는 민족을 형성하지 못하고 집단적인 영혼을 갖지 못한다.

■ 개화된 국민들 사이에는 자연적인 민족이 드물고, 오직 역사적 조건에 의해 창조된 인위적인 민족만 있을 뿐이다.

환경의 변화는 새로운 민족에게만, 말하자면 혼혈을 통해서 조상들의 특징을 잃게 된 민족에게만 깊이 영향을 미친다. 유전에 맞설 수 있을 만큼 충분히 강한 유일한 힘은 유전뿐이다. 환경의 변화는 특성의 불변성이 혼혈에 의해 변화하지 않은 민족들에게만 파괴적인 영향을 미칠 수 있다. 옛 민족은 새로운 환경에 적응하는 데 필요한 변형을 겪느니 차라리 사라지고 말 것이다.

■ 견실한 집단적인 영혼을 습득하는 것은 그 국민의 위대성이 절정에 달했다는 뜻이다. 이 집단 영혼의 해체는 그 국민의 쇠퇴의 시작을 의미한다. 외국적인 요소들의 개입은 이 해체를 마무리하는 가장 확실한 수단 중 하나이다.

■ 해부학적 종(種)처럼, 심리학적 종도 시간의 작용의 지배를 받는다. 심리학적 종도 늙어가다가 죽어 사라지게 되어 있다. 심리학적 종이 형성되는 속도는 매우 더디다. 그러나 어렵게 형성된 심리학적 종도 반대로 사라질 때에는 아주 빨

리 해체될 수 있다. 심리학적 종이 퇴행적인 변형을 시작하도록 하길 원한다면 그 종의 신체 기관들의 기능을 깊이 방해하기만 하면 된다. 이 퇴행적 변형의 결과는 종종 그 종의 신속한 파괴로 나타난다. 국민이 어떤 정신적 구조를 얻기까지 수 세기의 세월이 걸리지만, 그 구조의 상실은 간혹 아주 짧은 시간 안에 일어난다. 한 국민을 높은 수준의 문명으로 끌어올리는 오르막길은 언제나 매우 오랜 시간이 걸리지만, 국민을 쇠퇴로 이끄는 내리막길은 거의 틀림없이 매우 가파르다.

■ 기질과 함께, 사상도 문명의 진화에서 아주 중요한 요소로 여겨져야 한다. 사상은 매우 느린 진화를 거친 뒤에 정서로 바뀌어 국민의 기질의 일부를 형성하기 전까지는 영향력을 행사하지 못한다. 그러나 사상은 그 국민의 기질의 일부를 이루기만 하면 그 뒤로는 논쟁의 대상이 될 수 없으며 사라지기까지 매우 오랜 시간이 걸린다. 각각의 문명은 보편적으로 받아들여지는 작은 수의 근본적인 사상의 산물이다.

■ 어느 문명을 주도하는 사상 중에서 가장 중요한 것은 종교적 사상이다. 역사적인 사건들의 과반은 간접적으로 종교적 믿음의 차이 때문에 일어났다. 인간의 역사는 언제나

인간이 숭배한 신들의 역사와 나란히 달린다. 인간의 꿈들의 아이들인 이 신들의 힘이 얼마나 센지, 신의 이름이 바뀔 때마다 전 세계는 일대 혼란에 빠졌다. 새로운 신의 탄생은 언제나 새로운 문명의 여명을 의미했으며, 그 신의 사라짐은 언제나 그 문명의 쇠퇴를 의미했다.